No 38

neue Literaturmagazin

Nueva Poesía
lateinamerikanische
América Latina
poesie

Rowohlt

Herausgegeben von Tobias Burghardt,
Martin Lüdke und Delf Schmidt

Das «Literaturmagazin» erscheint halbjährlich, jeweils
im Frühjahr und im Herbst.
Die Redaktion kann keine Haftung
für eingesandte Manuskripte übernehmen.
Eine Rücksendung erfolgt, wenn entsprechendes Porto beiliegt.
Anschrift der Redaktion: Rowohlt Verlag, D-21462 Reinbek.
Preis des Einzelheftes DM 18,–
Jahresabonnement DM 30,–

Erstausgabe
September 1996

Redaktion Andreas Anter
Einbandgestaltung Büro Hamburg / Susanne Schmitt
Abbildungsnachweis siehe Seite 192
Gesetzt aus der Bembo auf Linotronic 500
Gesamtherstellung Clausen & Bosse, Leck
Printed in Germany
ISBN 3 498 03896 6
ISSN 0934 6503

Inhalt

Editorische Notiz

«In der imaginären Geographie der neuen Poesie gibt es noch viele weiße Flächen», schrieb Joachim Sartorius in seinem Vorwort zum «Atlas der neuen Poesie». Dazu gehört Lateinamerika, wo die Poesie gerade einen Boom erlebt. Der faszinierende Lyriktrend ist thematischer Schwerpunkt dieses «Literaturmagazins».

Im ersten Teil des Schwerpunkts sind die Gedichte von 21 Lyrikerinnen und Lyrikern im Original und in deutscher Übersetzung versammelt. Die Reihenfolge der Dichter geht quer durch den Poesiekontinent und umfaßt mehrere Generationen. Der zweite Teil ist Roberto Juarroz gewidmet, der erst auf der Schwelle seines Todes bei uns entdeckt wurde. In seinem Essay werden sein radikaler poetischer Blick und eine integrale Poetik der Freiheit erhellt, die innerhalb der neuen lateinamerikanischen Poesie beispielhaft ist. Im dritten Teil wird mit dem Porträt von Alejandra Pizarnik gleichzeitig ein neuer Literaturzweig Lateinamerikas erstmals vorgestellt: die jüdische Dimension im Süden der Neuen Welt. In diesem Jahr wäre die argentinische Poetin ukrainisch-jüdischer Herkunft, die im September 1972 sechsunddreißigjährig aus dem Leben schied, sechzig Jahre alt geworden.

Ein herzlicher Dank für die anregende und fruchtbare Zusammenarbeit geht an die Übersetzer Johannes Augel, Juana Burghardt, Erich Hackl und Carlos Müller, an den Fotografen Peter Bild und an die Kollegen und Freunde in Bogotá, Buenos Aires, Caracas, Havanna, Medellín, Mexiko-Stadt, Rio de Janeiro, Rosario, San José de Costa Rica, São Paulo und Santiago de Chile.

T. B. / M. L. / D. S.
Stuttgart / Frankfurt / Hamburg, im Sommer 1996

I

Passagen

Alban Nikolai Herbst

Buenos Aires will ich, Hans Deters, Dich nennen

Eine Passage

Die Qualität einer Stadt mißt sich an der Beschaffenheit ihrer Gehsteige, Fahrbahnen, an Unebenheiten, hohem und niederem Trottoir. Ist dieses, wie im Westen, uniform aufs Marktniveau gebracht, so ist die Stadt selbst nur Äquivalenz und sind es ihre Bewohner. Damit alle Fantasie perdu.

Ich aber will, daß Raum fürs Ungeheure bleibe.

Der ist auch im Kopf zu schaffen. Nur zu beobachten reicht nicht.

Ich will Dich Buenos Aires nennen. Ich nenn Dich nicht Paris, nenn Dich nicht Rom, schon gar nicht Prag, und auch Belgrad nicht und nicht London, geschweige so, wie Du heißt. Ich will Dich verschweigen. Schon werdet Ihr alle mir eine. Und wo etwas fehlt, denk ich's aus den Geschwistern hinzu.

Denn es fehlt vieles.

Die Stadt hat klobigen Lehm an den Füßen. Die Menschen wühlen, als würfen sie sich noch hellichten Tages unter stickigem Bettzeug auf einer mit Unlust gestopften Matratze herum. Spreche ich auf der Straße jemanden an, kann es gut sein, daß er meint, zurückschlagen zu müssen. Immer stehen vor verschmutzten Fassaden auch verschmutzte Leute herum. Nirgendwo sonst sieht man mehr zerstochene, gepeinigte Lippen, Nasen, Ohren. Die Narben der Häuser wiederholen sich in ihren Bewohnern. Gemüter sind das wie der Potsdamer Platz, Mentalitäten aus Bombentrichtern. Ein pervertierter Narzißmus: Eitelkeit mutiert in Selbstdestruktion.

Das indessen reizt mich auf, Dich umzuerfinden.

Ich trete ins Treppenhaus, sperre die Tür hinter mir ab, meine Wohnhöhle schließt sich, wie Borkenbrods sich verschloß. Ich sollte ihn unterm Straßenpflaster wohnen lassen, denn seine Mutter ist Thetis, seine Seele muß im Grundwasser stecken.

Die dumpfe Wärme im Hausflur.

Ich zähle die Stufen, schließe die Augen, sechs mal zwei halbe Etagen. Jedes Geräusch ins Hallen verfremdet, die Schritte knallend. Werden heller auf dem muffigen Hinterhof, Gerüche, wart mal, Gras und Stein, dampfend vom Regenguß nach der Hitze. Hausmüll. Die Augen auf, blinzeln: ein Bäumchen zwischen Tonnen und Fahrrädern, krumm, noch stehen Lachen auf der unebnen Pflasterung, versickern seitlich im Sandmatsch. Die Toreinfahrt durchs Vorderhaus, eine Art Tunnel, es riecht nach vergorener Gerste und der Pisse der Nacht. Das Portal rostig-steif in den Angeln, die Klinke fassen, ziehen, es knarzt. Hinaus auf die Straße, und sofort umschlägt mich ein Lärm, als würd ich in dichtere, in eine wollene Luft getaucht. Gleich rechts glänzen nasse Stühle vor der Kneipe. Und das Kopfsteinpflaster dampft. Stimmen junger Leute. Diese eigenartige, mir so fremde Lust an der Farblosigkeit.

Mein flinker Blick, der flirten will. Niemand ist bereit zu spielen.

Proletarismus, mag sein, doch ohne Proletarier.

Ich gieße einen Liter Neapel hinein.

Städte sind Vorstellungen. Wie sie *wirklich* und *wie* wirklich sie sind, erfahren wir nicht. Das Schnaufen einer angezogenen LKW-Bremse, Mopeds, schrill, Fahrradgeklingel, es rattert ein Tor auf, eine Dieselmaschine. Anfahren, stoppen, ich gerate ins Trudeln. Irgendwo wurde hier gestern gebaut, es wird hier überall gebaut. «Heiße Birne, wa?!»: Irgend so was.

Und Achilles Borkenbrod verläßt seinen Unterschlupf, eine aufgelassene Wohnung ziemlich inmitten der Zentralstadt. Eine Art Slum, wohinein nicht einmal Polizisten und Milizionäre sich trauen. Geht aber direkt in das von Dienstleistungsgewerbe brodelnde Handelsviertel über.

Er schließt also die Tür hinter sich, aber das macht kein Geräusch. Auch kein Schlüsselknirschen, keine Schritte das Treppenhaus hinunter, kein Atmen – und wenn Borkenbrod auf die Straße tritt, bleiben sogar Motoren und Passanten stumm. Borkenbrod ist unruhig, sieht sich oft um, aber auf eigentümlich routinierte Weise. Er ist daran gewöhnt, mit Verfolgern zu rechnen. Die Zuschauer müssen Borkenbrods Gang wie mit zugestopften Ohren verfolgen.

Ein Blinder, der fotografiert, macht eine Tonbandaufnahme.

Ich überquere die Stargarder Straße. Muß kurz wieder die Augen öffnen dazu. Überfahren will ich nun auch nicht werden.

Jemand spricht mich an.

Nein, nicht mich, ein Irrtum. – «Bitte?» frag ich. «Verzeihung», sag ich.

Aber Borkenbrod – er nun tatsächlich – wird angesprochen, gleichwohl alles weiterhin stumm, außerdem hastig, sozusagen hinter vorgehaltener Hand. Man sieht jedoch, wie sich Lippen bewegen. Borkenbrod macht eine Geste, die vielleicht den Weg weist, das Objektiv richtet sich auf seine Füße, die beginnen zu schreiten. Leichtes Wippen der Kamera dabei, den Rhythmus der Augen gibt das wiegende Gehen vor. Und immer wieder die aufgerissene, gleichsam verätzte Oberfläche eines sehr breiten Trottoirs. Die Steine hellbraun gesträhnt, graubraun, grau, bis ins Gelbe. Wo der Gehsteig keine Brüche mehr hat, beginnt das Geschäft. Denn was Aufmerksamkeit abzieht, potenziert sie in Wahrheit. Den einen Fuß in einem Schlagloch, das hier *Tritt*loch ist und den Knöchel gefährdet; den anderen, balancierend eingebogenen Knies, erhöht. Breite Gehsteigplatten aus behauenem Granit, eingefaßt bisweilen in hügeliges Kopfsteinpflaster, teils aufgerissen, frost- und hitzegesprengt, schrundig, Sand ... – und zur Fahrbahn bricht das Trottoir schroffe dreißig Zentimeter hinunter. Ein Abhang für den, der nicht aufpaßt. Die Bordsteinkanten nicht auf einer Höhe, alles Attacke auf Norm, jeder Überweg Falle, eine Hinterhältigkeit, die das Flanieren erst zum Erlebnis macht.

Borkenbrod überquert einen Fahrdamm. Die Kamera zeigt nur Reifen und die unteren Seiten von Autotüren, man spürt an der Stummheit, daß hier das Schicksal einen voranzwingt. Lächerliches Pathos, gewiß, aber gegen Gefühle kommt die Großhirnrinde nicht an. Borkenbrod bleibt stehen vor dem Loch einer U-Bahn-Station. Noch einmal schaut er sich um. Dann hinab. Es riecht zuckrig nach karamelisiertem Gummi und erwärmtem Blech. Süßer Unterleibsgeruch der Stadt. Borkenbrod, etwas beeilter, geht auf den Billettautomaten zu. Kamerafahrt Borkenbrods Beine hinauf, er wühlt in der Hosentasche, jetzt verfolgen wir seine Hand, wie sie sich zum Münzenschlitz hebt – aber nein, nein!, nicht in Echtzeit, sondern verlangsamt, ja, sich verlangsamend, weiter, noch mehr, ja, soll eine ganz atemlose Dehnung werden, Anspielung, klar, aufs Schildkröten-Paradoxon, dann – SCHNITT: Die Münzen eingeworfen, und jetzt erst, da Achilles Borkenbrod das Ticket aus der metallenen Auffangmulde zieht, eine volle dräuende Welle Musik: Sibelius' 4. Sinfonie, 1. Satz, Takte 1–32. Bei Einsatz der Blechbläser Vorspann, leuchtende Schrift quer über die Leinwand:

So könnte das gehen. Ja. Noch immer keine Stadtgeräusche, aber die Musik. Unter dem allen Musik. Die U-Bahn fährt ein. Freilich ebenfalls lautlos, überhaupt kein Rattern. Das nämlich erst, nachdem sich hinter Borkenbrod die zweiseitigen Waggontüren geschlossen haben. Vorher soll ihm etwas widerfahren sein. Dazu muß ich die Stadt in meinen imaginären Zugriff bekommen.

Sie ist wenigstens drei verschiedene Städte: Sie ist die Stadt, die in die Augen fällt und den Sehnerv affiziert. Sie ist zudem die Stadt der Geräusche. Vor allem jedoch ist sie die Stadt meiner unausgesetzten Erfindung. Und obendrein in heidnischer Weise dreifaltig: als Stadt des Fußwegs, als solche der öffentlichen Verkehrsmittel und schließlich als die des Autoverkehrs.

Und niemand soll, wer eine Stadt erschreitet, sich vorbereiten. Man erschreitet sonst nichts als seine Lektüre. Was hilft es mir zu erfahren, aus welchem Familienschoß die hübsche Frau geworfen wurde, die mir eben einen Blick vergönnt hat? Es ist mir ganz egal, wer sie ist, ich will ihren Anschein. Um Straßen kennenzulernen, muß ich ihnen fremd sein: wie einer die lange Geliebte nicht mehr erkennt, sondern sieht nur noch die Geliebte-im-Innern und merkt keine neue Falte mehr. In der Stadt muß jeder immer der erste Mensch auf dem Mond sein. So geh ich unvorgebildet und bin doch zu meinem Jammer gebildet bis ins Mark. Meine Schritte, meist zügig, die Schneisen, Plätze, Kreuzungen durchmessen, werden nach einer halben Stunde zur rhythmischen Grundierung, einer Art Hintergrundrauschen. Dann seh ich nur noch Wand, Denkmal, Bäckerei und weiß eben nicht mehr: Osten, Westen, Lohnniveau. Dann erst bin ich in Buenos Aires angekommen.

Borkenbrod sitzt in der U-Bahn und starrt aus dem Fenster. Kameraschwenk in den Scheibenspiegel, Borkenbrods Gesicht, näher heran, der Anblick wird unscharf, verschwimmt, wir konzentrieren uns auf die etwas geöffneten Lippen, noch näher, dann hinein, spülen über die Zunge, Vorsicht – das Zäpfchen! –: Den Kopf zwischen die Schultern gezogen, stürzen wir die Kehle hinab, ein Schlauch, an dessen Ende glüht Licht. Das wird weiter, flächiger, gelber. Völlige Unschärfe, man dreht am Objektivring, nun konturiert sich das Bild: Straßenpanorama, noch Dunckerstraße, dort, wo ich jetzt steh.

Und Borkenbrod öffnet nach innen die Augen. Er beobachtet

mich. Aus mir schaut er heraus, und die Geräusche, erschreckt gleichsam, weichen zurück. Gegenüber sitzen Leute draußen, man wird die Bestuhlung trockengewischt haben. Direkt vor mir, eigentlich hübsch, doch die Haare nicht gewaschen, eine junge Frau. Lehnt an Schuttwand. Das Gesicht auf Blässe geschminkt, aber Lippen siechrot. Beide Ohrränder, wie eine Wundnaht, durchlöchert. Behängt mit Kinkerlitzchen. Einen Ring durch die Nasenscheidewand gestochen. Das Ziel der Frauenemanzipation restlos erreicht. Da baumelt es nun, dieses Ziel, unter den aparten Nüstern und wartet auf Verwendung.

Muß es nicht länger: Ich habe stets eine Metallkette durch die Gürtelschlaufe gezogen, ein kleiner Karabinerhaken ist befestigt daran, der steckt, als wär's eine Taschenuhr, in meiner Weste.

Sie steht also an der Hauswand, von der blättern Fladen und Fetzen. Mißgelaunter Blick auf meine Krawatte. Ich schreite erst langsam an ihr vorbei, dann spontane Kehre ihr zu, den Karabinerhaken zwischen Daumen und Zeigefinger, Vorstoß, hab das geübt, es klickt. Schon der Nasenring in der Öse. Da schnalz ich einmal mit der Zunge. Die junge Dame sprachlos. Ich wend mich um und zieh sie hinter mir her. Sie brüllt los, es muß ziemlich weh tun. Wenn's nicht bluten und wenn der Nasensteg halten soll, wird sie mir folgen müssen. Es ist ganz wunderbares Sommerwetter. Paar Leute bleiben stehn und gaffen. Drei Typen applaudieren. Ich lächle. Und mit meiner Beute immer die Straße entlang. Will meine Geisel sich wehren, reiß ich nur knapp an der Kette. Am Helmholtzplatz schäumt grün – besinnungslos und geil nach Erde riechend – der kleine Park. Die junge Dame zetert und jault im Geschlepp. Das wird mir zuviel. Ich löse die Kette aus der Gürtelschlaufe und mach sie mit einem Abusschloß an einem Ring für Hundeleinen fest. «Arschloch!» brüllt meine Freundin. «Beschissenes Arschloch!» Doch sie hält still. Hörte sonst Engel im Himmel, an die sie nicht glaubt. Unter meinen Füßen knirscht der Sand des Weges, zur Seite raschelt Gebüsch, das *sehe* ich nur, kann's nicht hören, denn unablässig rattern Automobile, klirren Scheiben, schnaufen Hydrauliken. Kieksige Schreie. «Äh! Geil!» ruft ein Junge, und als ich mich entfernt habe und am andren Ende des Platzes noch einmal umdreh, seh ich die Angekettete von einem Pulk aus Piercing-Freunden umgeben.

Ich schließe die Augen wieder.

Noch immer starrt Borkenbrod sein Spiegelbild an. Die U-Bahn erreicht die nächste Station, bremst ab, eine Halle, auf dem Steig eine doppelreihige Sitzbank, aus deren Lehne Verstrebungen wachsen. Die wiederum halten ein längliches weißes Schild mit schwarzglänzender Schrift.

CHELSEA – BUENOS AIRES

Kein Mensch zu sehen. Borkenbrod steigt aus. Aberneuer Geschlechtsduft, leicht spitz, eine Spur Urin darin. Jetzt keine Musik mehr, sondern nur Geräusche, einfacher O-Ton: Schreiten, Stimmen, schleifendes Aus- und Einfahren der Métrozüge. Jeder Ton hallt lange nach, ganz besonders hallen die Schritte der Absätze von Frauenschuhen. Vom Ausgang herunter fließt Licht.

Ich wende mich um.

War ich bislang eher zögernd gegangen, verfall ich nun in meinen alten Schritt. Ich will zum Kalemegdan-Park. Hab Lust, auf Sawe und Donau hinabzusinnieren. Bin aber ja noch immer auf dem Prenzlauer Berg. Allegro ma non troppo voran.

Über die bröckelnde, rote Mauer hinweg quillt ein herber, sirupartiger Unkrautduft, schwarzer Johannisbeergeruch aus Kindheitsgärten. Dann kommt die Station PALERMO in Sicht. «Palermo – Buenos Aires», das ist keine Erfindung. Die U-Bahn fährt auf der Hochstrecke. Gründerzeitliche Bahnhofskonstruktion aus Gußeisenverstrebungen, als wär ich schon in Paris. Matt moosgrün lackiert. Darunter lärmt der Verkehr. Dann geschieht's. Der Vietnamese, bei dem ich meine Schmugglerzigaretten kaufe – ein schmales Männchen mit erbarmenheischender Trichterbrust –, wirft, da ich mich nähere, einem nächsten ein Päckchen zu, sehr flach, quadratisch, eckiger Diskus und kaum höher als eine Zigarillodose. In braunes Packpapier geschnürt. Und der andere, wie überrascht, greift zu. Doch als schrie er auf vor Entsetzen, läßt er's fallen. Das ist, als hatte man ihm eine Rasierklinge durch die Handfläche gezogen, und tatsächlich spritzt ein bißchen Blut weg. Schon flitzt ein Dritter herbei, ein jugendlicher Punk mit rosa aufgespitztem Schopf, unterschlüpft noch die ballistische Kurve, die das Päckchen genommen, packt zu, faßt das Ding und stürzt damit fort Richtung Schönhauser Allee.

Ich steh am Bordstein, um mich her tiefe Lachen vom Regen vorhin.

Der Vietnamese betrachtet mich stumm, der zweite Vietnamese wendet sich den Zigaretten zu, die auch er feilhält, und Borkenbrod, noch in der Métrostation CHELSEA stehend, den Aufstieg hinauflugend, blinzelnd ins Hallen und lauschend aufs Licht, wird angerempelt. Das erste Wort, das wir in diesem Film von ihm hören, ist ein Fluch. Auf französisch, er flucht französisch, flucht «merde alors!» vielleicht. Dann blickt er höchst verdutzt in seine zu einer Schale zusammengefügten Hände: Er hält das Päckchen darin.

Ich erwidere den Blick. Ich bin in eine fremde, verschlossene Erzählung gefallen, worin niemand mich mehr auffangen wird; schon gar nicht wird es der Vietnamese. Der wartet geduldig auf mich.

Wartet drauf, daß ich was sage.

Wollte ich nicht Zigaretten kaufen? Er hält beharrlich seinen Blick auf mich. Da wend ich mich weg. Ob ein Spaziergang Spuren im Geist hinterläßt, erweist sich daran, wie schnell einer wieder zum Schuster muß.

Hinüber.

Stets hört Buenos Aires irgendwo auf, stets fängt es seltsam wieder an, weite Trichter und Ebenen, macchiabewachsen oder voll ausgestreutem Nichts und bedenkenlos abgeladenem Schutt, sind zwischen die Stadtbezirke geworfen wie ausgerollte, längst brüchige Fladen aus Fontanellen.

Zwischen dem Monte Pellegrino und der Siegessäule breitet sich ein etwa zwölf Quadratkilometer umfassendes schreckliches Gelände aus. Man nennt es Sarajevo. Der wüstenartig heiße Wind, der bisweilen in die angrenzenden Wohngebiete einfällt, trägt oft Mikrobenstaub mit sich. Morgens liegt er dann, eine hauchdünne gelbe, doch sehr dichte und wie nasse Schicht, auf den Karosserien. Er dringt in alle Fensterfugen. Klimaanlagen wälzen ihn um. Wer etwas davon eingeatmet hat, kann süchtig werden. Manche machen sich nachts dann auf. Deshalb kommen jedes Jahr in dem von Höhlen und Fallgruben und Labyrinthen aus Fahrzeugwracks durchspickten Gebiet durchschnittlich zweiundzwanzig Menschen um. Jedenfalls bleiben sie verschollen, und wenn sich Suchtrupps hineinbegeben, sie zu bergen, verschwinden auch die. Deshalb hat man vor zwei Jahren um das Gelände einen drei Meter hohen Zaun aus Natodraht gezogen, an dem Grenzschutzsoldaten patrouillieren. Es heißt zudem, das Areal sei von Kannibalen bewohnt, die nächtlich Blutorgien feiern. Aber dafür gibt es keinen Beweis. Nur daß man bisweilen, steht man zwischen zwei und drei Uhr in der Frühe an der Nachtbushaltestelle Potsdamer Platz, der gegenüber der Stacheldrahtzaun nahezu unabsehbar entlangführt, aus ferner

Tiefe ein heulendes Singen und Bongotrommeln, aber auch Technopop vernehmen kann.

An die andere, die südwestliche Grenze des Zauns schließt Chelsea an. Das ist ein reicher, aber diskreter Bezirk von Buenos Aires, am rechten Ufer des Tibers langt er im Süden bis nach Zehlendorf, wo der Protz herrscht, und im Norden bis La Villette, wo die Arbeitersiedlungen liegen: kilometerlange Prospekte von Plattenbauten und Hochhauskomplexen aus pappigem Material mit Fensterscheiben aus dünnem welligem PVC, jedes Stockwerk birgt an die dreihundert billige Wohnungen. Chelsea hingegen wirkt beinahe ländlich. Rote Backsteinvillen hinter gepflegten Rabatten mit Stiefmütterchen und Hecken aus Sanddorn, der Hauseingang stets ein halbes Stockwerk erhoben, ein paar Stufen führen zur polierten Kirschholztür hinauf.

Borkenbrod verläßt nun endlich die U-Bahn-Station. Sie führt ins Freie gegenüber dem Haus, worin Abraham Stoker starb. Das weiß Borkenbrod aber nicht. Ich werd, fürs gebildete Publikum, eine Anspielung machen. Zufällig fährt die Kamera an einem Messingschild vorbei, worauf steht: «Jonathan Harker's Son, Attorny in Law».

Sinnierend läßt Borkenbrod das Päckchen von der Rechten in die Linke wechseln und zurück in die Rechte. Soll er's öffnen? Es steht keine Adresse darauf, überhaupt nichts ist aufs Packpapier geschrieben. Das Ding ist auf eigentümlich lockere Weise schwer. Wie nasser Sand. Borkenbrod hält es ans Ohr, schüttelt vorsichtig. Nichts.

Die Straße afrikahell, es wird Mittag sein. Die Leute liegen unter Moskitonetzen auf Betten und schwitzen Kopulationsträume aus, die in Tropfen über den Oberlippen stehen oder milchig in die Kopfkissen seimen. Keine vier Kilometer entfernt, in La Villette, werden in der Realisierung solcher Nervositäten Buben und Mädel trainiert. Täglich schmuggeln Laster containervoll Kinder aus dem Osten hierher. «Verderbliche Lebensmittel» steht auf den silbermetallenen Truhen.

In der Weite, im Hitzedunst, verwolkt sich der Fernsehturm überm Alex. Eine Stadt muß Zeitsprünge machen. Zeit wie ein Ding, das sich durch die Prozesse hindurch bewahrt und doch nicht unverändert bleibt. Ganz so, wie ich täglich meine Haarfarbe wechsle.

Drüben entsteht ein Glaspalast. Schon jetzt, noch im Bau, darf er keine Zeit in sich tragen, sondern seine Bauherren fugen sie aus.

Noch rettet ihn das Nachbargebäude: Voller Seel', die so drückt, versucht in der bröckelnden Mörtelwand die Geschichte, ihr Atmen zu halten. Und wirklich atmet sie, bis ein Bagger sie irgendwann wegreißt. Dann für kurze Zeit noch Narben, durch die man einen Einstieg finden kann nach Buenos Aires. Wird auch das geglättet, bleibt ein wie Chrom so kühles Schweigen. Die Moderne kompostiert nicht, sie entsorgt.

Jetzt aber wirklich die Straße überquern. Das verlangt eine Aufmerksamkeit, die nicht sieht, sondern sich vorsieht, was das Gegenteil ist. Unter das Lattengerüst, an den runden Mischmaschinen vorbei, den Spaten, den Zementhaufen, provisorischer Durchgang, dann drüben der Zeitungskiosk und noch drei Vietnamesenschmuggler, schließlich 180 Grad links schwenk, die Tunneltreppen hinauf auf die Bahnsteige. Na bitte:

PALERMO – BUENOS AIRES.

Es warten Polen, Chinesen, Tschechen, Russen. Die lächeln zwar auch nicht, sehen aber neutral aus. Außerdem zwei ältere Fastfood-Verbrecher, gewiß US-Touristen, sind immer an Shorts und T-Shirts zu erkennen. Und, übellaunig oder verblasen, die Deutschen: ein Pulk schnittiger Wessis sowie paar AltDDRler. Denen ist der Ausdruck von Kleingartenkapos ins Gesicht tätowiert.

Geratter. Rumpeln. Die U2 Richtung Simmering.

Ich kann bis hierher Schrammeln hören.

Borkenbrod ist derweil zum Tiber spaziert, vor der eleganten luftigen Albert Bridge steigt er zu den verlassenen Chelsea Embankments hinunter, die kniehoch mit verdorrtem Gras bewachsen sind. Aufgerissene Matratzen und Federkernspiralen liegen herum. Ich betrete die U-Bahn, setze mich, wir rumpeln davon. Jemand tritt auf Borkenbrod zu, es scheint, als ob der was wolle von ihm. Ein Penner, der die Obdachlosenzeitung verkauft. Man merkt, er hat seine Ansprache mühsam erlernt. Borkenbrod schüttelt den Kopf. Der Penner insistiert. Borkenbrod schüttelt nachdrücklicher den Kopf, läßt den Verwahrlosten stehen und begibt sich flußabwärts. Es ist andalusisch heiß geworden, sensationell für das Englische Viertel. Borkenbrods Schritt hat etwas durchaus Zielstrebiges. Seit ihm die Flucht aus der Oststadt ins Zentrum geglückt ist und seit er nun hier im Untergrund lebt, hat sein noch vor wenigen Monaten so mädchenhaftes Gesicht energische, fast grausame Züge angenommen.

In der Ferne ist der Natodrahtzaun zu erkennen, der ein Stückchen noch dem Tiberufer folgt.

Die U-Bahn fährt in die Tiefe, es wird dunkel, ich nehme die Sonnenbrille ab.

Am Senefelder Platz steigt eine Frau ein, um die vierzig, schätze ich, sonderbar elegant für Buenos Aires und erregend hochgewachsen, ein schmales arrogantes Gesicht, die Haare aufgesteckt, was den Körper noch gestreckter erscheinen läßt. Ein Rock wie aus Gaze spielt über den Knien. Um ihren Oberkörper schmiegt sich ein Bustier aus weißer Spitze. Sie bleibt direkt vor mir stehen. Seh ich gradaus, blick ich ihr aufs Sonnengeflecht.

Ich spüre, sie schaut auf mich herunter.

Borkenbrod hat sich einer grob zusammengezimmerten Hütte genähert, bleibt einen Moment stehen, strafft sich, geht weiter. Mit dem rechten Unterarm wischt er sich die Schweißperlen von der Stirn. Dann langt er an, seine Hosenbeine hängen voller Kletten und Haarnadelsporen. Er streckt zögernd die Linke aus. In dem Moment, da seine Fingerknöchel an die Holztür pochen, wird der Ton schnell wieder weggeblendet. Ein akustisches Vakuum bei allerhellstem Sonnenlicht. So was dehnt noch das Warten. Und als die Tür aufgeht, sofort Musikeinsatz: Sibelius' Vierte, wieder 1. Satz, aber Takte 19–47. Jetzt steht die hochgewachsene Dame vor ihm. Er streckt ihr, den Blick gesenkt, das Päckchen zu. Sie reagiert nicht. Er sieht zaghaft auf, ungewöhnlich schüchtern für einen Terroristen. Sie lacht. Man hört es nicht, aber sieht ihren Mund.

«Kommen Sie heute abend ins Café Silberstein», sagt sie.

Kann sie nicht sagen, denn es gibt ja keinen Ton jetzt im Film, nur die Musik. Sagt sie aber trotzdem. Sie wiederholt es sogar. Da erst merke ich, daß sie nicht Borkenbrod meint, sondern mich. Und nicht im Film, sondern in der U-Bahn, hier, in der Realität.

Nun *muß* ich aufschauen. Neongrüne Augen.

«Wie bitte?» frag ich.

«Holen Sie das Päckchen und bringen Sie es mir», sagt sie und lächelt.

Wenn ich nicht aufpaß, werd ich unter ihrem Blick noch rot.

«Ich werde ab 23 Uhr dort sein und Sie erwarten», fügt sie hinzu.

«Moment mal!» rufe ich aus. «Das geht nicht!» Der Zug rattert in die Station Porte de Clignancourt, nein, Alexanderplatz, nein, Hyde Park, nein, ach ich weiß es doch nicht! Geb mir einen derben Ruck, die Frau ist fort. Ausgestiegen wohl. Leutemasse drängt rein und drängt sich draußen auf dem Bahnsteig, ich kann die Frau nicht mehr sehen.

Ich versuch mich zu erinnern, war sie blond, war sie brünett. Sie hatte schwarzes Haar?

Vor Borkenbrod ist die Tür wieder zugegangen. Jetzt hab ich nicht mitgekriegt, was die Frau ihm aufgetragen hat. Er nickt gegen die geschlossene Hütte. Er wischt sich abermals Schweiß aus Stirn und Geheimratsecken. Als die Tür zufiel, brach auch die Musik weg. Sirrendes Zirpen von Grillen und Spatzengezeter. In der Ferne hupt wer, und man kann das helle Grollen einer Chessna vernehmen, die nicht sehr hoch über Chelsea in Richtung Tempelhof fliegt. Wir glauben, das dörre Gras zu riechen, so pastoral wirkt das Bild.

Ich entscheide mich um und verlasse die U-Bahn.

Hausvogteiplatz, ich glaube es nicht. Habe doch glatt, seit die Frau wieder weg ist, drei Stationen überfahren. – Was soll's?! Raus jetzt und hoch zum Gendarmenmarkt. Horden von Japanern kommen mir entgegen. Ich bleib unmittelbar stehen, blicke mich um. Das Gefühl eines Dufts knapp vor Rom.

Der Gehsteig als Geschichte, als Antlitz mit Falten und Augen-Blicken und wieder einmal, weil so sehr gelebt, unrasiert, und nach Schweiß riecht es, es riecht nach Parfum und nach Kohle. Nur weiter! Weiter über die Via Nomentana, rechts Westminster Abbey, links die Kathedrale von Chartres, einen knappen Kilometer östlich des Brandenburger Tors, dahinter erstrecken sich die Champs-Élysées bis nach Sevilla. Aber man ahnt das nur noch, sinnlich ist es kaum mehr wahrzunehmen: Maritim und MacDonald's versperren die Sicht. Hinter den Bauzaun. Ein Hinterhof, ein zweiter, ein dritter, verbunden durch feuchte, sich verdämmernde Tunnel außer aller Gegenwart. Ruhe. Glockenläuten. Ein schleifendes Knirschen. Immer noch Glocken. Woher nur? Kühl ist es hier. Der Fuß knickt mir weg. Ich humple ein Stück weiter, drei Türen. Und bezaubert bleib ich vor einem Grasbüschel stehen, das, in absehbarer Zeit jedenfalls, niemand jäten wird. Es birgt – nein: *ist* ein Geheimnis, weil dort, wo es nicht funktioniert. Eben *kein* Begrünungsplan. Uralte Farbe blättert vom Holzkreuz. Und links, auf die Tür graffitiert, steht FUCK OFF!, milchiges Grünrot. Zurück und hinaus, Straße weiter eine Autowerkstatt, Baugerüst, Kübel, bunt schillert Öl. Der Gehsteig inmitten geborsten, als hätte den Stein von unten etwas hinaufgepreßt oder als wäre er von den Straßenenden her zusammengeschoben worden: alles Spuren von

Nächten, Tagen, Gelächter, Heulen, Schlägereien, Liebkosungen. Alles ist *da*. Wer hier nach der Moral fragt und nach Wohlstand, schüttet Leben weg.

Überhaupt wird die Moral zum Einspruch, den die Ökonomie gegen das Leben erhebt, und es ist das Sozialengagement, das ihr beispringt. Die Bürgersteige ebnen, damit Behinderte und alte Leute leichter die Straßenseiten wechseln können, heißt: einen geheizten Aufzug auf den Mt. Everest installieren. Das soziale Denken wird zum Vorwand, ganze Straßenzüge in die Uniform zu planieren. Alles soll allen zugänglich, denn alles soll zu kaufen sein. Und dann sitzen sie auf den herrlichsten Höhen der Welt bei Schwarzwälder Kirsch und Prosecco und machen es den Lebenden bitter, noch irgendeinen Gipfel in Lust auf Schweiß und Gefahr hinaufzuklimmen, weil, was die oben dann finden, vergammelte Coca-Cola-Dosen sind. So ist es auch mit den Städten. Dein Atem, Buenos Aires, wird Dir weggepflastert werden, und an den roten, normiert zugeschnittenen Industriesandsteinen wirst Du ersticken, und all die Abwegsenken für Kinderwagen und Fahrradwege werden Dich kotzen machen, und das Gutgemeinte wird Dir die Seele Stückchen für Stückchen aus den Nagelbetten Deiner Finger ziehen. Ach, es ist Dir, bevor sie Dich befriedet haben, eine Reiseliteratur Deiner Gehwege not! – Doch weiter, nur weiter!

Und über den Ponte dell'Accademia an der Basilika vorbei. Dunkelgrützig schimmert der Spreekanal, der drüben in die Themse fließt. Mit Touristen vollgestopfte Bateaux mouches tukkern darüber. Lautsprecher plärren übers Deck. «Voilà la Basilique du Salut, on y peut regarder les icones de la Notre-Dame Noire ...» Die Schiffchen ziehen einen Duft von Diesel und Sonnenöl hinter sich her. Ich lehn mich für einen Moment übers Geländer und schau mir diese vorgeschobene Punta della Dogana an. Links am Ufer hockt ein Angler und holt Fische mit Geschwülsten ein. Die rosawunde Schuppenhaut glänzt bis zu mir hoch.

Borkenbrod dürfte unterdessen die U-Bahn-Station EASTERN CHELSEA erreicht haben.

Etwas Wind ist aufgekommen. Nervös heb ich den Kopf, schnuppre in Richtung Natozaun: Trägt der Luftzug Sandstaub mit? Er weht aus gefährlicher Richtung. Borkenbrod treppt in den Untergrund ab. Dumpfe Warmluft steht im Gewölbe und riecht nach Desinfektionsmitteln und Silberfischchen. Er wirkt gar nicht mehr unschlüssig nun, er hält das Päckchen jetzt fest in der Hand. Eine jugendliche Schlampe schlurft auf und ab und schabt eine

Brötchentüte mit den Schlappen vor sich her. Schlunzt näher, bleibt stehn, wippt mit den Hüften und zieht den schmutzigen Baumwollrock bis zur Mitte eines ihrer speckigen Oberschenkel rauf. Wippt noch mal, schnellt die Zunge raus, und einmal flink vom rechten Mundwinkel zum linken schlupft die Zunge wieder weg. Zwinkert.

«Nein danke», sagt Borkenbrod.

«Verpiß dich doch, Wichser», sagt sie.

Ich muß unentwegt an die Frau in der U-Bahn denken. Es will mir nicht gelingen, auch sie für eine Fantasie zu halten, die Du, Buenos Aires, mir eingeflüstert habest. Zwar, ihr Gesicht hat sich vollständig aufgelöst ins Sommerlicht, aber mitunter ist mir, als ruhte ihre Stimme auf dem Wasser, oder sie riefe mich aus Richtung Monbijoupark an. Dadurch komm ich hoch aus meinem Dämmern.

Da richt ich mich auf, dann schreite ich ganz die Brücke hinüber. Das Café Silberstein nicht mehr fern, doch ist es noch gar zu früh.

Was tu ich bis elf Uhr mit mir?

Flanieren muß man allein, und das bin ich seit meiner Begegnung nicht mehr.

Fange zu suchen an, wittere in jeden Hauseingang, ein läufiges Tier, nestflüchtiger Weibchensucher, man hupt den aus dem Weg, man flucht ihm nach, man hebt die Fäuste gegen ihn, wenn auch nur in die Luft. Da ärgert er, erbost er sich, er schimpft zurück und geht den andren auf den preußisch-teutonischen Leim. Dreht sich um, und die Basilika della Salute schrumpft ins Bodemuseum ein, und die Themse regrediert in die Spree, und das Abenteuer wird karg. Wolkiggrauer Schaum klätschelt an modrige Kais. Borkenbrod ist in die U-Bahn gestiegen und weggefahren. Es riecht nicht, es stinkt. Nach Scheiße, nach Abgasen, verschimmeltem Müll. Nach verspäteter Jugendbewegung. Alles angegammelt. Auf den Hausdächern liegt als Asche Schuld, die man sich übers Haupt wischt. Wie einem entlassenen Sträfling, dem das Gefängnis lebenslang anhängt, klebt dieser Stadt eine Geschichtsschuld an, auf die man schon deshalb nicht verzichtet, weil der Schuldbewußte sich immer auf der guten Seite weiß.

Da spielt sogar die Witterung mit. Buenos Aires ist häßlich zwei Drittel des Jahres. Alles kühlfeucht bis eisnaß und schmierig verrußt. Ganze Straßenzüge Abbruchs. Doch welch ein Erwachen, wenn, wie heute, unversehens der Himmel strahlt! Das ist ein solcher Überfall, daß sich die schäbigste Laune vor lauter Erschrecken vergißt. Auch schon, weil gegen all die grüne Pflanzenglut kein Ankommen ist. Die Gesichter sogar – gemeinhin von unglücklich durchzechten Nächten und von Lebensüberdruß blaßgrau bestäubt, wo sie nicht schon freiwillig sich leichig schminken –, ja die Arme und Schultern kommen um eine gewisse Bräune nicht mehr herum, die tatsächlich, man mag es kaum glauben, von der Sonne rührt. Dann schwipst losere Stimmung, und Buenos Aires reibt sich das Bindehautgewebe aus den Augen, das sie sonst so zäh verklebt. Dann durchziehen leichte Töne die Straßen, dann rauschen die Bäume, und es schwingen überall innere Lampions. Doch abermals fängt es zu regnen an und regnet klamm in die Menschen hinein. Schon klumpt es sich wieder, es gibt rein keinen inneren Widerstand, und der Tanz kam nicht von innen, war nicht Bedürfnis, sondern Reflex. Und die Leute sind froh, in ihre schlechte Laune zurückzufinden: Flagellanten, wohin man blickt. Und keiner mehr geht aufrecht, und jeder trägt seinen miesesten Kontoauszug auf der Stirn.

Friedrichstraße, fast schon die Grenze Venedigs. Drüben, im Westen, der Bois de Boulogne, den die Champs-Élysées durchschneiden und der im Nordareal inmitten ausgedehnter Wiesenflächen und lockerer Wälder von Buchen und Ulmen die Königliche Oper birgt. Zu den berühmten Aufführungen fährt man abends privat teils mit Kutschen, teils mit modernsten Schwebegleitern hinaus. Weil der Besuch nicht teuer ist, quillen aus den U-Bahn-Stationen meist Hundertschaften. Die letzten fünf Kilometer müssen zu Fuß bewältigt werden, da es im Bois de Boulogne mit Vorbedacht keine öffentlichen Verkehrsmittel gibt. Doch vorher bereits haben viele weite Strecken zurückgelegt. Die Leute wälzen sich aus den entferntesten Vierteln hierher, aus Barcelona, Prag, ja von München sogar kommen sie, wo nur geistig Behinderte leben, die den Produktionsprozeß störten und ausgegliedert werden mußten. In Straubing werden sie so lange in psychiatrischen Lagern konzentriert, bis ihre Demenz behoben ist. Die schlimmsten Fälle allerdings werden in die Oststadt abgeschoben. Wie es ihnen dort ergeht, erfährt man in Buenos Aires nicht. Und die Rekonvaleszenten, die als Anerkennung für gute Führung zum Besuch von Covent Garden Urlaub nehmen dürfen, sprechen lieber nicht darüber. Es befragt sie auch niemand.

Eiserner Steg, darunter wieder die Themse, dahinter der Tränenpalast, darüber die stazione Tiburtina. Stolz erhobnes Stahl- und-Glasgewölbe. Das Trottoir aufgerissen und überall Baustellen und Kräne und Lastwagen und zerfetzte Plastikplanen. Dazwischen die Reisenden, Geschäftsleute, Einkaufsbummler. Es wird getütet und gekoffert und gewuchtet. Vor Sandkübeln liegen Informatikfixer herum, Stereoskope wie Motorradhelme über die Köpfe gestülpt, von den Augen stehen absurde Okulare ab. Die Durchbeulung, das Wühlen Gesteins, ungefüge Auseinanderbrüche, wie Berge sich falten. Der Gehsteig als Urlandschaft mit Tausenden Schatten, Ebenen, Flußtälern. Haie und Unterseeboote kreuzen darin. Jede Pfütze Ozean. Je länger nach einem Schauer Lachen auf den Straßen stehen, als Teiche, als Seenplatten, als verzweigte Kanalsysteme, desto lebendiger ist eine Stadt. Wind und Kälte und Hitze haben Furchen ins Pflaster gewetzt, durch die ich in meinen Hörselberg steige. Dann wandr' ich durch Schächte einer höllischen Lust, wo gutes Leben, Tanzen und Springen sind. Dann venus selbst ist ein nympha gewesen, und der venusberg ist ihrem reich vergleicht worden. Sie ist mir vorhin in der U-Bahn begegnet an der Porte de Clignancourt oder am Alex. Und ich hab mein' Kunst getauft im *Veltliner* und habe mit dem Bruder *Eckart* Mettin betet und mit dem *Danhäuser* ein' Blutwurst 'gessen.

«Haste maa 'ne Mack?»

Zwinkern. Aufblicken. Komplett abgedreht, der Typ. Drei eingerissene Alditüten hängen ihm am linken Arm. Die Rechte mir zugestreckt, zur Gänze verhufte Fingernägel. Augenhöhlen wie Ölbohrlöcher. Wer jedem Bettler in Buenos Aires was gibt, wird selbst zum Sozialfall. Gibt man ihnen aber nichts, bringt man sie indirekt um. Nachts patrouillieren Müllautos durch die Viertel und saugen die Obdachlosen vom Straßenrand.

Ich kram also etwas in der Hosentasche rum. Krieg ein Geldstück zwischen die Finger, zieh es raus.

«Gracias, amigo», sagt er. Ich schau ihn wohl ziemlich verdutzt an, denn er muß lachen. Lacht ausgesprochen hell. Lacht geradezu intelligent. «Follow me», sagt er.

«Wie bitte?»

«Na, kommen Sie schon!»

Erstaunlich gewandt läuft er mir voraus, sieht sich nicht mehr um. Ins Bahnhofsgebäude, nicht die alten Treppen nach oben hinauf, wo die Züge der Ost-West-Achse halten, sondern an langgezogenen Bretterverschlägen aus nachlässig geschliffenen hellen Holzplatten und billigen Krimskramsläden vorbei. Wogen aus Menschen schwellen uns entgegen. Es riecht nach Mörtel, alles hier ist Baukulisse. Schon fährt die S 1 ein. – «Richtung Laguna

Morta zurücktreten bitte!» – Ich schlüpf grad noch so rein, versuch, den Mann was zu fragen, er legt einen Finger auf die Lippen. Zwei Stationen nur, am Potsdamer Platz gibt er mir einen Wink, und wir steigen aus. Ich folge ihm beklommen. Es ist völlig klar, er will an den Zaun. Ein Wirrwarr aus Brettergassen, Krach von Bohr- und Schleifmaschinen, Hämmern. Roboter schweben an den Wänden lang und ziehen ihre Materialschläuche hinter sich her. Wer nicht aufpaßt und nicht ausweicht, wird kurzerhand überrollt oder sonstwie zu Boden gerissen. Wer dann nicht mehr rechtzeitig auf die Füße kommt, über den trampeln Passagierströme weg. Es ist gefährlich, hier stehenzubleiben. Davor warnen unübersehbar, und zwar an jeder Biegung, erleuchtete Piktogramme. Und auch Lautsprecher, aus denen in leiser Permanenz gemäßigte Klassik rieselt, schnarren halbminütlich ihr «Passen Sie sich dem Verkehrsfluß an!» Trotzdem bleiben immer wieder besonders alte Leute liegen und werden von den Putzmaschinen abends in Haufen zusammengekehrt, von Scannern anhand der Fingerabdrücke identifiziert und aus den Meldedateien gelöscht. Kleidung und Gepäck werden der Wohlfahrt zugeführt. Was mit den Leichen geschieht, entzieht sich meiner Kenntnis.

Wir kommen aus dem Schacht, der ganze Platz ist Baustelle zugleich und Trümmerfeld und lärmender Verkehrsknotenpunkt. Er ist unüberschaubar und vor allem deshalb so chaotisch, weil je nach Tageszeit die Straßenführung geändert wird. Busse, Laster, Schwebegleiter wälzen sich hier zentimeterweise voran. Bisweilen sind sie so ineinander verkeilt, daß der Betrieb über Stunden wie stillsteht. Drüben den Zaun entlang eine schmale, bis weit nach Süden reichende Grasnarbe, auf der vereinzelte Kirschbäume und Birken, vor allem aber Sträucher und Gestrüppe wachsen. Ein zementbestäubtes, sozusagen mehliges Demarkationsgrün. Dahinter Sarajevo. Ein einziges Gebäude verbindet das verwilderte Areal mit der zivilisierten Stadt: das ehemalige Kaufhaus Esplanade. Es wurde bislang nur deswegen nicht weggesprengt, weil die angrenzenden Bezirksregierungen seit Jahren erbittert darüber streiten, welche von ihnen zuständig sei.

Darauf nun streben wir zu meinem Schrecken zu. Noch größer mein Erstaunen, daß niemand uns aufhält, ja, die vielen Streifenpolizisten scheinen uns nicht einmal zu bemerken. Allerdings verändert mein Führer, seit wir die U-Bahn-Station verlassen haben, ständig sein Aussehen; ich muß sehr auf ihn achten, will ihn ja meinerseits nicht aus den Augen verlieren: Kurzes Flirren, und er trägt Mantel, neuerliches Flirren, er wird zum kleinen dicken Ritter, nächstes Flirren, ein Jogger im Trikot. Er bleibt an der verbretterten Eingangstür stehen, blickt sich zweimal schnell um, nimmt mich bei der Hand, pfeift ein amelodiöses Signal und schleudert mich gegen die Wand. Ich will losschrein, fall hindurch. Er folgt. Die ganze Wand simuliert. Oder nur ein Stückchen von ihr. Jedenfalls ein Eingang. Eine Holografie. Drinnen der Blick in eine blühende Parklandschaft, Flüßchen, Blumenwiesen, Gartenbänke, Springbrunnen. Rechts sitzt jemand hinter einem Klapptisch, worauf ein kleiner Computer und Listen. Er blickt kurz auf, lächelt, weist knapp auf eine umrankte Laube. «Bleiben Sie hier», sagt mein Führer und begibt sich hinüber. Zwei, drei getuschelte Satzfetzen, dann kommt er zurück und reicht mir das Päckchen. «Sie wissen schon», sagt er.

«Ich weiß gar nichts», sag ich.

«Nehmen Sie schon. Und sei'n Sie vorsichtig, daß man Sie damit nicht erwischt.» Er schaut kurz zum Mann hinterm Klapptisch, der nickt, ich krieg abermals einen Stoß, steh draußen. Aber nicht auf dem Potsdamer Platz, sondern in einem der U-Bahn-Gänge der stazione Tiburtina.

«Nehmen Sie schon», sagt der Penner. «Ich lasse mir nicht gern was schenken.»

«Ja, was soll ich denn damit? Was ist das denn?»

Er zwinkert mir zu. Mir kommt Borkenbrod in den Sinn, aber es fällt mir momentan nicht ein, wo der stecken könnte. Als ich mich umseh, ist der Penner weg. Das Päckchen hat er fallen lassen. Jedenfalls liegt es am Boden. Schon eingedellt, weil jemand draufgetrampelt ist. Ich bück mich, wisch mit einem Tempo den Schmutz runter, betrachte es. Eindeutig, das Päckchen, das der Punk den Vietnamesen weggeschnappt hat. Ich bin ungeduldig, reiß es auf, Styroporkügelchen quillen heraus, dann eine Kartonverpackung, ein Schuber. Darin, tatsächlich, zwei CDs, Computer-CDs offenbar, CD ROM. Keine Aufschrift. Ich wickle das Papier notdürftig wieder drum, begeb mich nach oben, trete zurück auf die Friedrichstraße, um neue Blicke zu sammeln, blinzle in die Sonne. Tränenpalast, drüben das BE, im Westen der Reichstag, dann zum Palast der Langen Beine. Wie jetzt schon im Westteil der Stadt sich die Glätte in beinah sämtliche Fugen gegossen hat, so wird auch dem Ostteil in nur wenigen Jahren das Leben wegisoliert worden sein. Dann werd ich Dich, Buenos Aires, wieder verlassen.

Es ist Nacht. Ich sitze im Café Silberstein und warte. Ein sehr witziger, chaotischer Ort. Etwas Dunkel-Utopisches, Skulpturen stehen herum, die an H. R. Giger erinnern. Und man sitzt auch auf Kunst. Das gibt dem sozialen Raum etwas Kultisches. Über der der Eingangstür gegenüberliegenden Wand leuchten Diaprojektionen. Mein Nachbar ist an den Unterschenkeln bis hinab zu den Knöcheln tätowiert. Das ist zu sehen, als er seine Socken richtet. Eine junge Frau hat sich einen Schlüsselring durch die linke Augenbraue bohren lassen. Die Stühle sind so schwer, daß sie beim Rükken nicht quietschen, sondern auf den Steinfliesen kreischen. Ich warte auf eine Person, von der ich doch weiß, sie ist nichts als Schimäre. Vor mir, auf dem Tisch, die CDs. Zwei Frauen am Tisch nebenan. «Dazu bin ich zu verdorben», sagt die eine. «Kennst du meine Alpträume?» fragt die andere mit aggressivem Unterton. Vier Musiker betreten den Raum: Baß, Tamburin, Klampfe, Gesang. Gitarrenhalfterung mit rotem Strick angebunden, kein Gurt. Nach drei an Rock und Afro erinnernden Songs packen sie ihre Sachen wieder. Einer geht herum und sammelt. So ziehen sie die Nacht durch von Kneipe zu Kneipe.

Ein kurzer, sozusagen vorüberfliegender Flirt. Ich muß mir unbedingt angewöhnen, immer mitten in die Gesichter zu schauen. Mein Flirt löst ihr Haar. Schuhe halbhoch, dazu Strümpfe grauschwarz geringelt, schwarzer Rock, lose darüber weite Lederjacke. Am Kinn die Neigung, sich zu verfetten.

Wie angenehm und fantasievoll es ist, eine nächste von hinten zu beobachten, allenfalls übers Seitenprofil sehr schräg, und sich *vorzustellen*, wie schön sie sei. Ihre Art, die Haare zu zupfen. Finger viertels in den kurzen Locken, die sind marmorbraun. Clips an den Ohrläppchen. Ein Clip schaut durch und korrespondiert mit dem Goldknopf am Jackettärmel. Spreizen der Finger. Der Daumen bleibt versteckt.

«Nee nee, bin nich mehr so al dente!» hör ich hinter mir.

Das Leben wäre ein anderes, wär es einem nicht mehr so wichtig, das Alter zu erreichen. Dem, der jeden Moment seinen Tod gewärtigt, fängt jedes Erlebnis zu glühen an, dem vibriert jeder Sinn. Allen andren gehen die Sinne an die Rentenkassen verloren.

So denk ich vor mich hin und warte auf das, was Du, Buenos Aires, mir jetzt zuführen wirst.

Hans-Jürgen Schmitt

Alfred Döblins Lateinamerika

Seine «Amazonas-Trilogie» und ihre Nachfolger Asturias, Roa Bastos, García Márquez

Die Alten sagten: «Unsere Eltern haben erzählt: die Trommeln haben geweint, seht euch vor, man muß wandern, es ist große Gefahr. ... es gibt einen Baum, er ist der Vater der Menschen und Tiere ... der Baum trägt den Menschen in den Himmel, wo unsere Ahnen wohnen. Da ist das Land ohne Tod. Unsere Eltern haben es vergeblich gesucht. Wohin sollen wir fliehen?» (Alfred Döblin, *Amazonas-Trilogie*, 1938)

247 Guaraní-Kaiovandeva-Indios aus Matogrosso do Sul, die 1993 von ihrem Land durch einen mächtigen Rancher mit richterlichem Befehl vertrieben wurden, kündigten an, sie würden kollektiven Selbstmord begehen, wenn das Gesetz nicht ihre Rückkehr schütze. (*Der Krieg am Amazonas*, El País, 9. Mai, 1996)

Wie ist es möglich, daß Alfred Döblins Amazonas-Trilogie *Das Land ohne Tod*, ein episches Werk von fast 900 Seiten, geschrieben zwischen 1935 und 1937 im Pariser Exil, bis heute seine Atmosphäre, seine – um gleich ein Wort Döblins aufzugreifen – «affektgeladene Realität» bewahrt hat?

Das Besondere dieses «Südamerikawerks», wie Döblin es genannt hat, kann man vielleicht erst richtig ermessen *und* goutieren, seit lateinamerikanische Literatur auch in Deutschland Furore macht. Zu denken wäre, ob nicht Döblins Roman Vorläufer ist von Miguel Angel Asturias' *Maismenschen*, von Augusto Roa Bastos' *Menschensohn* oder von Gabriel García Márquez' *Hundert Jahre Einsamkeit*. Döblins Amazonas-Trilogie im Lichte des vergleichenden Spiels mit lateinamerikanischer Literatur?

Historischen Romanen haftet ja oft jene Patina an, die uns dann hindert, mehr als nur ein historisches Kulissen-Kolorit zu erkennen. Doch Döblin war vor dem «Land ohne Tod» längst schon ein Autor kapitaler Romane, die ihn berühmt gemacht hatten und die seinen souveränen Umgang mit der Anverwandlung ferner Zeiten und Zonen, der fremdartigsten Geschichtsepochen auf eindrucksvolle Weise belegten. 1938 bescheinigte Lateinamerikas einziger Schriftsteller, der Deutsch las und sprach, der Argentinier Jorge Luis Borges, seinem deutschen Kollegen: «Döblin ist der wandlungsfähigste Schriftsteller unserer Zeit. Jedes seiner Bücher (wie die achtzehn Kapitel des *Ulysses* von Joyce) ist eine Welt für sich, mit ihrer eigenen Rhetorik und ihrem eigenen Vokabular.» Eine Wertschätzung, die nicht übertrieben scheint, wenn man an die mythischen Asienromane «Die drei Sprünge des Wang-lun», «Berge, Meere und Giganten» und «Die Babylonische Wandrung» erinnert, an den historischen Roman «Wallenstein» und vor allem an den Großstadtroman «Berlin, Alexanderplatz», der 1929 erschienen war und der Döblin schließlich so populär machte, daß er, zum Nachteil seines übrigen Werkes, allzusehr nur der Autor des «Alexanderplatz»-Romans wurde.

Gewiß auch durch die Umstände des Exils geriet die Amazonas-Trilogie nie so recht in den Blick eines größeren Publikums. Döblin ist auch darin ein Erzähler, der seine Leser in Bann schlägt mit der Sprachgewalt seiner Bilder, mit seinen leidenschaftlichen Naturbeschreibungen, mit der Umformung von Legenden und Mythen, mit der Einschmelzung historischer Epochen und Gestalten in den Erzählfluß seines Romans, dem jene «Parteilichkeit des Tätigen» (Döblin) als Schubkraft innewohnt.

«Es war wahrhaftig ein geheimnisvoller Tag, und die Männer, die sich auf ihm zusammenschlossen, hatten allen Grund, andere, deren sie nicht sicher waren, davon fernzuhalten. Denn es war zum erstenmal versucht und dann noch vielmals unternommen, die Fahrt in das Land ohne Tod.

Es hatte in den Wäldern ohne Unterlaß getrommelt ... Die Trommeln weinten: ‹Seht euch vor. Es ist große Gefahr. Wir werden alle nicht mehr leben bleiben. Gegen Sonnenuntergang hat der große Geist, der die Erde trägt, die Berge geschüttelt. Wilde Tiere sind auf die Menschen gefallen. Ganze Völker gehen zugrunde. Blickt zum Himmel: der Hundsstern rückt dem Mond näher. Er wird ihn fressen.› ...» Döblin gebraucht für die Darstellung der Mythen der indianischen Völker im Amazonasbecken eine bilderreiche Sprache von magisch-intensiver Ausdruckskraft. Das Geheimnisvolle der Legende schwingt in seinem Erzählduktus mit. Seine Sprache ist ja nie bloß Vehikel, mit dem ein Stoff als effektvolle Geschichte transportiert wird oder sich mit purer Historie in ihrem chronikalischen Gewande schmückt, was ein Autor wie Lion Feuchtwanger gelegentlich übertrieben hat. Auch in erzähltechnischer Hinsicht hat Döblins Roman etliche Raffinessen zu bieten, die den Leser so lenken, daß er das Romangeschehen über gewaltige Zeiträume jederzeit überblicken kann: das Wiederholen und Variieren zentraler Motive, das Vor- und Zurückgreifen auf markante Ereignisse, das Überspringen chronikalischer Abläufe zugunsten eines sehr verdichteten fiktionalen Geschehens, das Abweichen von der Historizität, die durch eine erzählerische Simultaneität ersetzt wird. So kann sich die große Geschichte im poetischen Raum des Epos entfalten.

Und was wird in diesem Riesenepos erzählt? Im ersten Teil, *Die Fahrt ins Land ohne Tod*, schildert Döblin, wie die indianischen Urvölker im Riesenbecken des Amazonas leben, wir erfahren ferner vom Zusammenprall der europäischen Eroberer mit den Indios in der Region des heutigen Venezuela und Kolumbien und von den ersten Konflikten bei der christlichen Missionierung durch Bartolomé de Las Casas. Es werden mindestens drei Fahrten ins Land ohne Tod erzählt: zunächst die der spanischen Eroberer und ihrer deutschen Nachfolger wie Ambrosius Alfinger und Nicolaus Federmann mit ihren notorisch verbürgten Grausamkeiten; dann die der Jesuväter, die zunächst in das Räubernest São Paulo reisen, von Döblin entlarvend «Piratininga» genannt, und schließlich die Migration der Indios von den südamerikanischen Anden ins Amazonasbecken.

Der blaue Tiger (Teil II) ist der Mission der Jesuiten am Paraná-Strom zwischen dem heutigen Brasilien, Paraguay und Argentinien gewidmet; er spielt gleichzeitig im 16., 17. und 18. Jahrhundert. Noch heute sieht man in *Misiones*, wie die argentinische Provinz nach den Jesuvätern genannt wurde, die gewaltigen Ruinen ihrer Bauten und Kirchen.

Und der dritte Teil, *Der neue Urwald* – gemeint ist mit dem Titel auch das Chaos in uns, im europäischen Menschen –, spielt zunächst in Krakau, in Deutschland und in Paris, bevor Döblins Epos am Amazonas endet, dort, wo es begonnen hat. Das Land ohne Tod ersehnen auch die weißen Eroberer. Es ist nach Döblin die «große Natur», die Suche nach dem Paradies, wie der indianische

Mythos es beschreibt. Doch in Döblins Roman finden die meisten – oft entgegen ihrer historischen Vita – in der Natur Lateinamerikas den Tod. Der Eroberer Jiménez de Quesada wird vom Aussatz hingerafft, der grausame Belalcazar stirbt im Gefängnis in Cartagena, Nicolaus Federmann, der Kapitängeneral, stürzt betrunken mit seiner Zwergin auf dem Rücken ins Meer. Große, ungeheuerliche Szenen! Auf knapp viereinhalb Seiten wird ihr Untergang erzählt und mit vier lakonischen Sätzen abgeschlossen, die ihre südamerikanischen Abenteuer wie in einem Sekundenblitz auslöschen: «So waren sie alle hin, Generäle und Gouverneure, die so getobt hatten. Keinen Vater, keine Mutter, keine Kinder hatten sie.

Sie waren ohne Ahnen und Nachfolger.

Sie waren Steine, die aus einem Feuerberg spritzten und die in die Luft sprangen, hinfielen und zersplitterten.»

Südamerika – das Land ohne Tod? Vom erbärmlichen Ende dieser Eroberer aus betrachtet, ist es auch das Land ihres Todes. Ihre Eroberungszüge nennt Döblin «eine Fahrt in den seligen Untergang». Sein Südamerika-Roman handelt also auch von Europa, von dem Europa seiner furchtbaren Expansionen und den bis auf den heutigen Tag für die Menschen Lateinamerikas verheerenden Ausbeutungen.

Am Vorabend des Zweiten Weltkriegs taucht Döblin in eine Epoche ein, worin der erste Völkermord der Neuzeit besiegelt worden war (ob er hier schon eine Parallele zu dem sah, was in Nazi-Deutschland mit den Juden geschah, bleibt offen): Um 1500 lebten in Amerika etwa 80 Millionen Menschen. Mitte des 16. Jahrhunderts sind es nur noch zehn Millionen! Oder auf Mexiko beschränkt: am Vorabend der Conquista beträgt die Bevölkerung etwa 25 Millionen; im Jahre 1600 noch etwa eine Million. «Der Vulkan Europa hatte begonnen, seine Menschen auszuwerfen. Über alle Küsten fielen sie nieder. Sie waren auf der Suche nach Gold, Entdeckungen, sie wollten Krieg, Herrschaft, Ruhm. Sie bewegten sich stürmisch wie Vögel im Herbst, die, ihrer Länder überdrüssig, in einem unbezwinglichen Drang in die heiße Heimat fliegen, wolkenhoch, Tausende, Tausende. Was sie wollten, war: sterben oder verwandelt werden ...» *Sterben oder verwandelt werden?* Eine naive Soldateska läßt der Autor erst allmählich auf der fröhlichen Fahrt zu der Bestie werden, als die sie dann auch untergehen muß. Ihre Grausamkeit macht er zum allgemeinen Gesetz jener Spezies von Abenteurern, die unterm Vorwand der Christianisierung nur rauben, töten oder die Indios zu Sklaven machen.

Die Stadt Funza des Reiches Cundinamarca geht so zugrunde; nachdem man den Inkas bereits alles Gold abgenommen hatte und der Eroberer Quesada die Plünderung nicht aufhalten konnte, wird der Blutrausch der Spanier und die Todesangst der Indios von Döblin in ständigem Perspektivwechsel geschildert.

Das ist schon der moderne Wahnsinn, von dem die Geschichte zeugt und die in dem deutsch-jüdischen Emigranten Alfred Döblin ein besonderes Empfinden wachgerufen hatte. 1936 trug Döblin auf einer Tagung des Schutzverbandes deutscher Schriftsteller in Paris seinen Essay *Der historische Roman und wir* vor. «Das Schreckliche ist nicht um seiner selbst willen aufzusuchen, sondern als abscheulich und entartet zu zeichnen. Der unermüdliche Kampf aller Menschen, besonders der Armen und der Unterdrückten, um Freiheit, Frieden, echte Gesellschaft und um Einklang mit der Natur, gibt genug Beispiele für Tapferkeit, Kraft und Heroismus.»

Der historische Roman sei keine Historie, sondern müsse den *Anschein einer Realität* schaffen, lautet einer seiner Kernsätze. Und wie er das bewirkte, zeigt sich dann auf jeder Seite seines südamerikanischen Epos.

Immer wieder kommt Döblin auf den «Reiz» seines Materials zurück, worunter er nie den Stoff, sondern die Sprache versteht. Und diese erstaunlich reiche Ausdruckskunst in einem quasi «historischen» Roman läßt in seinen wunderbaren, konzisen Formulierungen auch den Arzt im Dichter erkennen, wenn es von den Eroberern heißt: «Sie waren ins Land gekommen wie eine Krankheit in einen Körper.» Oder: «Wie ein Ätzstab die Haut verbrennt und das Blut zum Gerinnen bringt, so tauchten sie in das glückliche Land ein, nur wenige hundert Mann, die das wilde Europa ausgeworfen hatte.» – Und mit einem Satz erfaßt Döblin den Charakter eines wilden Anführers: «Seine Kriegslust war seine Wirbelsäule.» Döblins Sprache wechselt mit den Perspektiven – je nachdem, ob Indios, Padres oder Soldaten sprechen: die aussichtslose Situation der Jesuiten wird von Döblin oft umgangssprachlich erfaßt, sie sind «perplex» oder «treten auf der Stelle». Ein Reich wird zerstört, und die Soldaten sagen: «Cundinamarca war hin, war hin, es mußte hin sein.» Döblin geht so weit, den historischen Romancier als einen «Resonator» zu bezeichnen, der feinsinnig und stimmig auf seinen Gegenstand reagiert. Und er hatte gute Gründe dafür; in der Pariser Nationalbibliothek entdeckte Döblin sein neues Indien! Sein Freund Hermann Kesten erinnert sich, daß Döblin «halbe Tage in der Bibliothèque Nationale verbracht und den Inhalt ganzer Bibliotheksräume in seine Romane geschaufelt» habe.

Viele der von Döblin in der Pariser Nationalbibliothek benutzten Quellen sind inzwischen durch die neuere Exilforschung entdeckt worden. Es handelt sich um Reiseberichte, ethnologische und historische Werke, ferner Bücher über indianische Sagen und Legenden. Fritz Pohle hat 1991 in der von Hans Albert Walter vorzüglich edierten Exilbibliothek der Büchergilde Gutenberg mit den von Döblin ausgebeuteten Quellen eine aufschlußreiche Deutung seines Südamerika-Romans vorgenommen.

Wenige Jahre zuvor – ebenfalls in Paris – fand der guatemaltekische Schriftsteller Miguel Ángel Asturias zum Mythos der Indios – und zu seinem naturmagischen Erzählstil, als er das *Popol Vuh* übersetzte, das mythologische Buch seiner Vorväter. Jenes berühmte Buch enthielt die Legende der Chiché-Indios über die Erschaffung von Welt und Mensch. Asturias verläßt Paris 1933, als Döblin dort gerade eintrifft. Doch es wird noch von einer folgenreichen Koinzidenz zwischen Döblins Amazonas-Trilogie und Asturias' Roman *Maismenschen* zu berichten sein. Beide Schriftsteller sind jene «Resonatoren», die Bibliotheken aufsuchen und bei ihrer Lektüre eine Initialzündung erleben, die ihr literarisches Schaffen entscheidend beeinflussen wird. Es ist das «wunderbare Flackern von einem Wort zum andern», wie es Gottfried Benn in der Staatsbibliothek Unter den Linden vor dem Kriege erlebt hatte.

In den Lesesälen der Pariser Bibliothèque Nationale bei der Lektüre von Sören Kierkegaards «Entweder-Oder» schweift er plötzlich ab; es locken ihn mehr: Atlanten und die «herrlich bebilderten Ethnographien», «Südamerikakarten mit dem Amazonenstrom: was für eine Freude.»

Döblin wollte mit diesem Roman, wie er später bekannt hat, «eine Art epischer Generalabrechnung mit unserer Civilisation» schreiben.

In seiner Amazonas-Trilogie schafft er eine andere Art von Wahrheit und Existenz, als es die historische je sein kann. «Eine Auseinandersetzung zwischen dem Gedanken ‹Gott› und der dikken Realität und echten Wahrheit: Natur ...» sollte es werden.

Wer meint, der später, im amerikanischen Exil, von einem Jesuiten zum Katholizismus bekehrte Döblin habe hier ein religiöses Werk geschrieben, das eben diese Bekehrung vorwegnimmt, der irrt. Döblin war weder Katholik noch engagierter Jude, noch Marxist. Seinen Katholizismus nannte Hermann Kesten «ein Pandämonium: die ganze Hölle ist los, eine echte und überwältigende Wilden-Religion flammt auf – im Herzen der westlichen Zivilisation, in der Mitte des zwanzigsten Jahrhunderts ...»

Döblin benutzte auch *Las Casas' Bericht von der Verwüstung der Westindischen Länder* und hatte eine ganze Reihe von Umdeutungen vorgenommen. So stirbt z. B. der historische Las Casas hochbetagt in einem Madrider Kloster; der Las Casas Döblins hingegen im Urwald bei den Indios, weil die Eroberer als falsche Christen mit ihrer Beute- und Mordlust die Missionierung der christlichen Idee unmöglich machen. Döblin nimmt Las Casas fast völlig aus dem historischen Zeit- und Szenen-Ablauf heraus, er macht ihn zu einer Symbolfigur im Kontext seiner eigenen Geschichte. So war der historische Las Casas Bischof in Chiapas, im Südosten Mexikos, also in Mittelamerika, bei Döblin hält er sich aber vorwiegend im Andenraum auf.

Im zweiten Band *Der blaue Tiger* sind es dann mehr und mehr die Jesuväter, die am Paraná eine «Arche Noah», ein «indianisches Kanaan» abseits der christlichen Sklavenjäger und Goldmarodeure schaffen wollen, um die Indios, «die Dunklen» (Döblin), zu retten. Auf nahezu 400 Seiten wird nun die Geschichte der Jesuväter erzählt, die als Missionare kamen, wider Willen zu Kolonisatoren wurden und schließlich sogar das Kriegsbeil mit den Indios ausgruben, um sich zu verteidigen, nachdem sich eine Generation lammfromm mit ihren bekehrten Indios hatte niedermetzeln lassen. Doch auch sie mußten schließlich untergehen. Eine Arche Noah in den finsteren Zeiten europäischer Eroberungslust konnte nicht bestehen, so wenig wie der Sozialismus in *einem* Lande. Jorge Luis Borges hatte diese Gesellschaft Jesu ein «absonderliches Experiment eines theokratischen Kommunismus» genannt, deren letzte Mitglieder schließlich in Portugal auf dem Scheiterhaufen und im Gefängnis umkamen.

Die geschichtlichen Fakten werden von Döblin amalgamiert, die historischen Figuren zu überzeitlichen Ideenträgern, zu Repräsentanten ihres «Berufs», ihrer Herkunft hinübergeblendet. Als Abenteurer, Indio, Jesuit verkörpern sie nicht einzelne Individuen. Die geschichtlichen Standards verwandeln sich im reißenden Erzählstrom Döblins zur eigentlich erst neu entzifferbaren Geschichte. Bekanntlich wurde das Schicksal der Jesuitensiedlungen am Paraná durch die Abtretung eines Teils der spanischen Gebiete an die Portugiesen endgültig besiegelt. Auch darüber schreibt Döblin ein dichtes Kapitel.

Der ganze Roman, der von der Zeit von 1500 bis in die dreißiger Jahre des 20. Jahrhunderts reicht, also einen Zeitraum von mehr als 400 Jahren umschließt, kommt ohne jede Jahreszahl aus. Es sind zum einen die von Döblin geschaffenen Kunstfiguren, die im Roman als Erzähler auftreten und die historische Zeitgleiche herstellen. So etwa der auf der Flucht befindliche Indio-Führer Cuzumarra, der am Amazonas u. a. auf die Frauenvölker stößt und das Schicksal nicht nur seines Inka-Volkes schildert, sondern als Erzähler eines besiegten Volkes im ersten Buch von zweieinhalb Jahrhunderten Geschichte berichtet. Er schildert demnach eine Zeit, die über seine Epoche weit hinausreicht und über die tatsächlichen Ereignisse um die Jesuitenrepublik im zweiten Band bis zur südamerikanischen Unabhängigkeitsbewegung im 19. Jahrhundert führt.

Auch die Ereignisse im Reich Cundinamarca sind von Döblin z. T. frei und gegen die historischen Grundlagen erzählt, was Fritz Pohle minuziös in der Büchergilde-Edition belegt. Inspiriert wurde Döblin durch Studien von Adolf Bastian, *Die Culturländer des alten America*, und Elisée Reclus' *Nouvelle Géographie Universelle*. Döblin bildet aus den sich bekämpfenden historischen Indio-Führern Zippa und Zaque eine Kunstfigur. Den Widerstand gegen die Spanier spart er zwar nicht aus, erfindet aber im Gegensatz zu dem historischen, kämpferischen Zippa einen *trägen, fetten* Zippa, der die passiven Eigenschaften des historischen Zaque hat. Döblins Zippa erstickt im Luxus, fällt vom Thron. Was in Döblins Deutung heißt: Cundinamarca und hier die Stadt Funza sind auch an der Dekadenz und der eigenen Schwäche des Vielvölkergebildes mit zugrunde gegangen.

Die Aufhebung der Geschichte – gemeint ist nach Döblins Wort die «ehrliche Chronologie» –, die der Romanautor den Historikern überläßt, erfolgt durch Kunstfiguren, in denen die Historie verschmilzt, oder auch durch Erzähler wie Cuzumarra, die Jahrhunderte überliefern und zu durchleben scheinen.

Ähnlich geht Gabriel García Márquez in seinem Roman *Hundert Jahre Einsamkeit* (1967) vor. Der Erzähler bei García Márquez ist im Bunde mit der Zaubermacht des Zigeuners Melchíades, der allwissend aus Erinnerung und Gegenwart – wie zuvor bei Döblin – die Fakten nicht «in der althergebrachten Zeit von Menschen anordnet, sondern ein Jahrhundert alltäglicher Ereignisse und Episoden vereinigt, so daß sie nahezu gleichzeitig existieren» (G. M.). Eine Regenzeit, völlig dem naturhaften Ablauf enthoben, kann dann 4 Jahre, 11 Monate und zwei Tage dauern, mit ihrem Schlamm den Untergang des Dorfes auslösen und einen solchen Tiefstand der Bewohner bewirken, daß das Magneteisen der Zigeuner wie hundert Jahre zuvor neues Staunen hervorruft. Man spürt rasch bei García Márquez, daß die grotesk-komischen Zeitsprünge das Raum-Zeit-Gefühl im Leser sprengen; daß nach einer unendlich erscheinenden «Zeit», wie der Zauberer murmelt, Tagundnachtgleiche im Roman herrscht.

Wenn die historische Zeitgleiche wie eine Art achronische Simultaneität waltet, die die Fiktion schafft, haben die Dinge plötzlich ein reales Eigenleben. Gegenstände werden zu nicht mehr verrückbaren Gewichten, Aschenkreuze lassen sich nicht von den Stirnen entfernen. Und auf ausgebreitetem Linnen fährt die schöne, reine Remedios gen Himmel!

Die bei García Márquez wie bei Döblin aufgehobene Zeit ermöglicht erst jenen Raum, in dem Legenden, Mythen und Sagen als wirklich und tatsächlich erscheinen.

In Döblins Roman wird die magische Bildlichkeit verstärkt durch die Einbeziehung des Indio-Mythos und durch ein Erzählen aus der Indio-Perspektive, eine Technik, eine Erzählersicht, die die bis dahin geschriebene lateinamerikanische Literatur nicht kannte. Als erster hat Jorge Luis Borges in Buenos Aires in einer kurzen Besprechung auf die Neuartigkeit von Döblins Stil aufmerksam gemacht (Werner Stauffacher verwies 1986 in seiner Ausgabe der Amazonas-Trilogie darauf). Borges vergleicht ihn mit Gustave Flauberts Erzählverfahren im Roman *Salammbô*, das er als minder geglückt bewertet. Er schreibt im Januar 1938, also kurz nach Erscheinen von Döblins Roman beim Exil-Verlag Querido in Amsterdam: «In *Die Fahrt ins Land ohne Tod* paßt Döblin das Erzählen den wechselnden Personen seines Romans an: Stämmen des wirren Amazonasdschungels, Soldaten, Missionaren und Sklaven. Bekanntlich hat Flaubert sich gerühmt, nicht in sein Werk einzugreifen, aber der Zuschauer in *Salammbô* ist immer Flaubert (...) Döblin dagegen scheint sich in seine Geschöpfe zu verwandeln. Er schreibt nicht, daß die eindringenden Spanier bärtig und weiß waren; er schreibt, daß ihre Gesichter und Hände – das übrige war nicht zu sehen – die Farbe der Bauchschuppen von Fischen hatten und daß einem von ihnen Haare aus Wangen und Kinn wuchsen. Im ersten Kapitel schiebt er absichtlich eine unmögliche Tatsache ein, um dem magischen Stil der Seele nicht untreu zu sein.»

Mit ziemlicher Sicherheit dürfte es Borges' Aufmerksamkeit zu verdanken sein, daß Döblins Roman bereits 1943 und 1945 in Buenos Aires auf spanisch in zwei Teilen in der Übersetzung von Noemí Mibashan erschien: *Viaje al país sin muerte* und *El tigre azul* sind die wörtlich übersetzten deutschen Titel. 1948 kam die Amazonas-Trilogie in Paris heraus. Es ist der erste moderne lateinamerikanische Roman überhaupt, dessen indianische Traum-Passagen und naturmagische Szenen – nach dem Wort von Borges – im «magischen Stil der Seele» erzählt sind.

1949 vollendete Miguel Ángel Asturias in Buenos Aires seinen Roman *Maismenschen*, den er 1945 in Guatemala begonnen hatte. Daß Asturias Döblins Roman gekannt hat, ist zwar nicht belegbar. Aber dem argentinischen Universalisten Borges galt längst die unumschränkte Hochachtung der schreibenden Kollegen Lateinamerikas; zudem war Buenos Aires die Stadt Lateinamerikas, die zuerst Europa und seiner Literatur, seiner Kunst und seinen Moden zugewandt war.

Die Parallelen zu Döblin in der Entwicklung des naturmagischen Realismus mit seiner surrealen Bildlichkeit sind allzu deutlich, obwohl beide Autoren aus verschiedenen literarischen Epochen stammten, die einander aber berührten: Asturias hatte in Paris den Surrealismus kennengelernt, Döblin kam vom Expressionismus her. Asturias erklärte den Stil des magischen Realismus so: «Der Indio denkt in Bildern, er sieht die Dinge nicht in den Vorgängen selbst, sondern er überträgt sie in immer andere Dimensionen. Das mag einem Europäer absurd erscheinen, aber für mich ist diese Doppelwelt sinnvoll, auch wenn sie ihr Gesetz nicht in der Vernunft erblickt. Im Bewußtsein des Indios wird die Realität schon nach kurzer Zeit zur Legende, und diese Legende gilt ihm in der Folge als Realität. Es liegt etwas Mechanisches in unserer Natur, das diese Verwandlung automatisch vollzieht.» Döblin war diese Sehweise vertraut, wie schon Borges bemerkt hatte, er hatte sie bei der Schilderung der Naturvölker und ihrer Mythen am Amazonas und des Reiches Cundinamarca selbst verwendet. Besonders eindrucksvoll ist bis in den Schluß des Romans der Schlangen-Mythos Sukuruja gestaltet, nicht nur in seiner Verwandlung der Döblinschen Sprachschöpfung. Sukuruja ist zunächst nichts anderes als die größte Schlange am Amazonas, die Anakonda, dann der Wassergeist, die große Mutter des Amazonas-Stromes, und als Tier und zugleich als personifiziertes Fabelwesen wird sie auch natürliche Gestalt im Roman jenseits des Mythos, wird real – aus der

Perspektive hat Döblin den Sukuruja-Mythos in die indianische Vorstellungswelt integriert (inspiriert durch Bücher von Amazonasreisenden). So wird Las Casas erst auf der realen Geschehensebene von den Indios erschlagen und stirbt dann noch einmal in der Sukuruja-Legende; d. h., hier erst geht seine Seele, nachdem er Kreuz und Rosenkranz verloren hat, in den naturhaften Kosmos ein. Ähnlich ergeht es dann dem Jesubruder Mariana im *Blauen Tiger*. Er hält den naturreligiösen Verlockungen der Indios nicht stand, die ihn heimlich zu ihrem Führer machen wollen. Ihn holt der Paraná-Strom, die Schlange, die sich als «Schwester» Sukurujas erklärt. Die «große Natur», von der Döblin sprach, hier im Sukuruja-Mythos hat er sie als das entscheidende Motiv so gestaltet, daß ähnlich wie dann in Asturias' Roman *Maismenschen* (1949) die animistisch-religiöse Ebene nicht überschritten, ja diese selbst wie von den Indios als Realität erfahren wird. Cundinamarca ist «das Land der Muiscas», der Maismenschen, die Kultur der Chibcha, wie Döblin sie in den Werken von Adolf Bastian und Elisée Reclus entdeckte. Bei Reclus fand Döblin, so berichtet Fritz Pohle, den Namen der «Muysca»: «Les Muysca, c'est-à-dire les ‹Hommes›.» *Die Muisca, das heißt die Menschen.*

Döblin erfindet sein Cundinamarca, gebildet wahrscheinlich aus dem venezolanischen Küstenort Cumaná, wo sich Las Casas einmal aufhielt, und Dinamarca, dem spanischen Namen für Dänemark. Das ist merkwürdig, da Döblin kein Spanisch konnte und auch die französischen Namen seiner Quellen übernahm. Die Muyscas, die Menschen, sind zugleich Synonym für das Wort *maiz*, und bei Miguel Ángel Asturias sind es auf spanisch *hombres de maiz, Maismenschen.* Die indianischen Maismenschen des mittelamerikanischen Guatemala und die Maismenschen Döblins verbindet nicht nur der «Geist der Maispflanze», sondern das mythische Land Cundinamarca als das Land der Muiscas, der Maismenschen.

Die Legende des Anfangs, das Leitmotiv vom Land ohne Tod, ist also immer mit den Maismenschen und ihrer Geschichte verknüpft.

Ein Jahrzehnt nach Döblins Roman verarbeitet Asturias wie dieser anthropologisches Wissen, indianische Legende, christliche Tradition und Maya-Mythen; und er bereichert seinen Roman mit soziologischen und historischen Komponenten. Asturias nimmt die Schöpfungsgeschichte der Mayas wieder auf: Der Indio ist aus Mais geschaffen, darum der Romantitel «Maismenschen». Der

Mais als «geheiligte Nahrung» darf nur zur Erhaltung des Lebens der Maismenschen und nicht zum Handel ausgesät werden.

Die historische Tatsache, daß um 1900 mexikanische Siedler mit Unterstützung der Regierung Guatemalas den Indios im Grenzgebiet ihr Land wegnehmen wollten, bildet nur die Folie des Romans. Dessen Geschichte wird ins Reich der Sage transponiert, für die dann Asturias' magisch-realer Erzählstil die Wunder als wirklich erscheinen läßt; d. h., Asturias nimmt wie Döblin die Indio-Perspektive ein. Wenn etwa der Sohn eines Bauern auf dem Weg zur Brautwerbung auf Nimmerwiedersehn verschwindet, sagen die Indios, er sei auf seinem Pferd, in eine Feuerwolke eingehüllt, in eine Schlucht gestürzt und dann davongeflogen. Dieser Glaube an eine höhere, andere Wirklichkeit bestimmt dann das fiktive Geschehen des Romans.

Döblin wie Asturias und noch später, 1960, der paraguayische Erzähler Augusto Roa Bastos setzen den Glauben der Indios an eine höhere, gerechte Wirklichkeit, ihr animistisch naturreligiöses Denken in ihre je eigene magisch-reale Bild- und Erzählwelt um. Roa Bastos' Roman *Menschensohn* erzählt von den Nachfahren jener Guaraní, mit denen Döblins Jesuväter am Paraná ihre Siedlungen gebaut hatten. Auch Roa Bastos entwirft ein großes historisches Epos neuen Stils. Er beherrscht die Sprache der Guaraní, geht in seinem Roman bei manchen Wendungen und Begriffen eine Symbiose von Guaraní und Spanisch ein und verbindet Indio-Mythos und christliche Religion, Legende und Geschichte Paraguays.

Nach der Flucht Casino Jaras und seiner Frau Natividad aus einer Matepflanzung, wo sie wie Sklaven gehalten wurden, erreichen sie wieder ihr Heimatdorf und suchen Zuflucht in einem Eisenbahnwagen, der von einer fürchterlichen Explosion im Kampf der Aufständischen aus dem Jahre 1912 übriggeblieben war. Dieser Waggon scheint tagsüber zu stehen, aber nachts, da die beiden Alten Leuchtfeuer mit Waldbienenwachs an den Rädern befestigen, bewegt er sich nun langsam mit dem in der Pflanzung wahnsinnig gewordenen Jara in den Urwald. Nun verwandelt sich der konkrete Vorgang – aus der Sicht der Maismenschen – in ein surreales Ereignis, das sie wiederum für wirklich halten.

Ebenso verfuhr Döblin, als er, wie am Schluß des Romans, den Tanz im Urwald des Amazonas schildert. Der Zauberer bringt Hunderte von Indios zum Tanzen und in Ekstase, gerät selber in Trance, bevor die Hütte dann ihrerseits zu tanzen anfängt. Dabei wird das irreale Geschehen ganz vom Blick des Tänzers aus beschrieben. Man möchte ja endlich – und hier paßt der saloppe Ausdruck – ins ersehnte Land ohne Tod *abheben*. Diese Übereinstimmung zwischen Döblin, García Márquez, Miguel Ángel Asturias und Augusto Roa Bastos scheint nicht von ungefähr: angesichts eines ungewissen, ja heillosen lateinamerikanischen Daseins wird die Rettung – zumindest bei diesem Typus des «historischen» Romans – in den Mythen gefunden; während die letzten Weißen, die bei Döblin im 20. Jahrhundert ihr Heil noch einmal in Südamerika suchen, Bagno-Sträflinge sind, die der Urwald verschlingt. *Der Blaue Tiger* wird nun zum Symbol für ein verkommenes, desaströses Europa. «Die Dunklen sprachen von den furchtbaren Dingen, die der Weiße berichtet hatte. Der blaue Tiger ist auf die Erde niedergestiegen und tut in den Ländern der Weißen sein Vernichtungswerk. Man ängstigte sich vor den Gästen.» Döblins Aussicht ist düster auf den letzten Seiten seiner langen Kolumbusfahrt zwischen Europa und Südamerika, bevor er noch einmal zum Schluß Sukuruja, der großen Mutter, dem Wassergeist, das Wort überläßt.

Mit seiner Amazonas-Trilogie *Das Land ohne Tod* fängt der moderne historische lateinamerikanische Roman erst an; davor gab es gewiß den mexikanischen Revolutionsroman oder den indigenistischen bzw. regionalistischen Roman. Dieser wegweisend neue lateinamerikanische Roman entstand aber – wegen der Verfolgung der Autoren – meist im Exil. Vor allem in Europa und sehr oft in Paris, denken wir an Romane von Miguel Ángel Asturias, Augusto Roa Bastos, Alejo Carpentier oder Julio Cortázar.

Mit Alfred Döblin setzt von Paris aus der Siegeszug des lateinamerikanischen Romans ein. Sein Werk *Das Land ohne Tod* gehört zugleich zu den unwiederbringlichen Schöpfungen der deutschen Literatur. Im Exil zwar, doch im kosmopolitischen Raum der Pariser Nationalbibliothek erlebte die deutsche Literatur ihre lateinamerikanische Sternstunde. Und indem Alfred Döblin nicht einzelne «Helden» schuf, sondern der geniale Schöpfer von Massenschicksalen ist, schreibt er zugleich die Geschichte Lateinamerikas, ein Epos, das bis heute von bitterer Aktualität ist. Zu welchem Werk sonst kann man den Leser also mit der Aufforderung ermuntern, einen lateinamerikanischen Roman im Original zu lesen, ohne des Spanischen mächtig zu sein? Nur zu Alfred Döblins Amazonas-Trilogie *Das Land ohne Tod*.

II

Nueva Poesía América Latina

Neue lateinamerikanische Poesie

Ein Panorama
Zusammengestellt von Tobias Burghardt

Tobias Burghardt

Im Mittelpunkt steht das Wort

Heute erlebt die lateinamerikanische Poesie eine kontinentale Dimension, wie sie vor hundert Jahren vom kubanischen Dichter José Martí in seinem Essay «Nuestra América» (1891) und dem nicaraguanischen Begründer der modernistischen Literaturbewegung Rubén Darío ersonnen wurde. Die Poesie wurde damals als die Manifestation des freien Menschengeistes und der unendlichen Einheit des Universums angesehen. Die poetische Aufgabe hieß nach Rubén Darío: «Die Dichtung wird so lange existieren, wie das Problem des Lebens und des Todes existieren wird. Die Gabe der Kunst ist eine höhere Gabe, die erlaubt, in das bisher Unbekannte und noch Ungewußte vorzustoßen, in das Ambiente des Traumes und der Meditation. Es gibt keine Schulen, nur Dichter. Der wahre Künstler versteht alle Ausdrucksformen und findet die Schönheit in allen Formen. Der ganze Ruhm und die Ewigkeit liegen in unserem Bewußtsein.»

Über die Gründe und Motive des lateinamerikanischen Poesietrends wurde in den achtziger Jahren bei Autorentreffen in Mexiko nachgedacht: «Warum gibt es diese Fülle an Poesie in Lateinamerika?» Eine der möglichen Antworten gab der argentinische Dichter und Essayist Roberto Juarroz: «Der wichtigste Grund für diese Fülle ist eigentlich die Leere.»

Die poetische Fülle hat sich eigene Wege gesucht, ein Phänomen, das heute auch auf den anderen Gebieten des künstlerischen und kulturellen Lebens zu beobachten ist. Eine positive Grundvoraussetzung dafür war die Demokratisierung, die seit den achtziger Jahren einsetzte.

So konnten die Kultur- und Literaturschaffenden aus den Katakomben ihres *Underground*-Daseins in fast allen Ländern Lateinamerikas heraustreten oder aus dem Exil in Nordamerika und Europa größtenteils zurückkehren. Angesichts der notwendigen Neugestaltung des gesellschaftlichen Miteinanders – und unter zunehmender Verdrängung der menschenverachtenden Vergangenheit in den Zeiten der Militärdiktaturen – orientierte sich der demokratische Aufbruch nunmehr hin zu einem beinharten Merkantilismus mit einer deutlichen sozialen und ethischen Schieflage.

In diese «Leere» hat sich die Fülle der Poesie angesiedelt: «Die Poesie, die Literatur, die Kunst, die Kultur sind kein Zeitvertreib, keine willkommene Ablenkung und auch kein Glanzstück oder Ruhmesblatt, wie so mancher Politiker, Wirtschaftsexperte oder Technokrat zu glauben vermeint. Das Gegenteil ist der Fall, denn durch sie ebnet sich der wirkliche und vielleicht auch einzig gangbare Weg, der aus dem Ungleichgewicht, der Unterentwicklung und dem uns ständig bedrohenden Chaos hinausführt. Es gibt eine Notwendigkeit der Poesie, der Literatur, des künstlerischen Ausdrucks, der Kultur. Und die Anforderungen der Realität scheinen immer brennender zu werden in einer Welt, in der die unverhofftesten Modalitäten der Barbarei neu aufkommen oder erfunden und weiterentwickelt werden.»

Roberto Juarroz, der neunundsechzigjährig im März 1995 in Buenos Aires starb, schließt diese präzisen Beobachtungen mit dem Titel «Lateinamerika: die Leere und die Lyrik» folgendermaßen ab: «Die Poesie als Gründungsimpuls, notwendiger Ausdruck und Verneinung der Leere erscheint somit als breiteste Allee, um zur Freiheit zu gelangen.»

Anfang der neunziger Jahre veranstaltete die renommierte lateinamerikanische Literatur- und Kulturzeitschrift «Vuelta» ein Symposion in Mexiko-Stadt unter dem Motto «Das 20. Jahrhundert und die Erfahrung der Freiheit». Der Poet und Essayist Octavio Paz hielt die Eröffnungs- und Abschlußrede, die einige Tage später in der traditionsreichen argentinischen Tageszeitung «La Nación» veröffentlicht wurde. Er sieht die Poesie als «eine Übung der aktiven Imagination», in der «die Freiheit eine ewige Erfindung» sei: «Die Gesundheit einer Literatur, d. h. einer Zivilisation, hängt von der Vielfalt und Einzigartigkeit ihrer Stimmen, Persönlichkeiten und Bewegungen ab. Die ausschließlich kommerziellen Kräfte, geleitet von den Kriterien des Erfolgs und der Verkaufszahlen, neigen zur Uniformität, eine Maske des Todes. Die Geschichte der Literatur, des Denkens und der modernen Kunst ist nicht zu trennen von der Geschichte der öffentlichen Freiheiten. Wo Freiheit endet, vergeht das Denken und die Literatur. Die Freiheit ist das unsichtbare Blut, das die Literatur und die Menschheit beseelt.»

Mitten in der sich demokratisierenden Gegenwart werden nun immer mehr die Projekte der Bewußtwerdung einer gemeinsamen lateinamerikanischen Identität im kulturellen, politischen und wirtschaftlichen Leben intensiviert, denen der faszinierende Poesietrend vorangeht, der als der aktuelle «Boom» des Poesie-Kontinents bezeichnet wird.

Denn auf der anderen Seite des Atlantischen Ozeans wurde seit jeher gedichtet, anfangs in unzähligen indigenen Sprachen. Nach der neuzeitlichen Europäisierung gehört im angloamerikanischen Norden seit einigen Jahrzehnten nun auch das Spanische der «hispanics», der eingewanderten Lateinamerikaner, zu den meistgesprochenen Sprachen. Im Süden des panamerikanischen Kontinents sind das Spanische und das brasilianische Portugiesisch die beiden Hauptsprachen, wenngleich trotz aller heftiger Unterdrükkung weiterhin in zahllosen indigenen Sprachen geträumt, gesprochen, gesungen und gedichtet wird. Aber auch andere Sprachen gehören zur Poesie Lateinamerikas, darunter Jiddisch (Jacobo Glantz, Itsjok Ianasovich), Deutsch (Héctor A. Piccoli), Italienisch (Juan Rodolfo Wilcock) und Französisch (Silvia Baron Supervielle), um nur einige wenige Beispiele zu nennen.

Die multikulturelle Gesellschaft Lateinamerikas wird im weitesten Sinne als «Mestizaje» verstanden. Das spiegelt sich in dem folgenden «Panorama» wider, wenngleich es sich nur um einen ersten Rundblick handeln kann, was ebenfalls die vielen Sprachen betrifft. Neben der Poesiesprache Spanisch, die hier im Mittelpunkt steht, bringen drei brasilianische Poetinnen und Poeten einen Vorgeschmack auf jene andere große Weltsprache der Poesie, das Portugiesische, das neben dem äußersten Südwesten Europas auch in Afrika und Asien über eine bemerkenswerte Tradition verfügt: eine gleichermaßen selbstgenügsame, den Globus umspannende Poesiewelt, die in ihrer Vielfalt hierzulande noch weitgehend unerschlossen ist. Als eine indigene Sprache der Poesie Lateinamerikas ist stellvertretend für die Vielstimmigkeit die alte und immergrüne Mayasprache K'iche (Humberto Ak'abal) vertreten.

Zu dieser Vielsprachigkeit der neuen Poesie Lateinamerikas gehört auch, daß «es nicht mehr möglich ist, sich auf einen Ort, ein Land, eine Sprache, ein Leben, eine Epoche, eine Literatur zu beschränken» (Roberto Juarroz). Die Poetik der neuen Poesie ist ein unendliches Gewebe wechselseitiger Anregungen und variantenreicher Parallelen oder umgestaltender Anverwandlungen. Der Lyriktrend hat zudem seit den achtziger Jahren zu einer innovativen «Institutionalisierung der Poesie» (Darío Jaramillo Agudelo) geführt. Die großen Dichterinnen und Dichter Lateinamerikas wurden zu poetologischen «Institutionen», ausgehend von der kontinentalen Poesiegeschichte des legendären *Modernismo* und ihren Repräsentanten.

Als im Mai 1986 in der kolumbianischen Hauptstadt Bogotá ein erstes Haus für die Poesie gegründet wurde, ehrte man damit auch gleichzeitig den modernistischen Dichter José Asunción Silva (1865–1896). Seines hundertsten Geburtstages wurde 1996 mit vielen Gedenkveranstaltungen in Kolumbien gedacht. Das nach ihm benannte Haus «Casa de Poesía Silva» hat eine Vielzahl von Aktivitäten entwickelt, zu denen neben Lesungen, Buchpräsentationen, Vorträgen und Diskussionsrunden eine Lyrik-Videothek, Schüler- und Studentenführungen, eine Lyrik-Bibliothek mit 6000 Titeln, die Phonothek HJCK, ein Fotoarchiv kolumbianischer und lateinamerikanischer Poetinnen und Poeten sowie die beliebten Poesiewerkstätten gehören.

HJCK ist ein Kultursender, der seit über vierzig Jahren Radiosendungen macht, Poesie-Kassetten herausgibt und über 1800 Stunden mit Dichterstimmen zu poetischen Themen produziert hat. Über HJCK wurde die Veranstaltungsreihe «Die Poesie hat das Wort» im Jahr 1987 in Bogotá und 1989 in Medellín mit organisiert, die viele tausend Menschen besuchten. Seit 1979 verleiht die renommierte Universität Antioquia jährlich den kolumbianischen «Premio Nacional de Poesía».

Im Juli 1990 wurde in der westkolumbianischen Stadt Manizales die «Casa de Poesía Fernando Mejía» begründet. In der nahe liegenden Millionenstadt Medellín ist seit 1993 ein weiteres Haus der Poesie geplant.

Wenn man also nach außen schaut, dann sind es solche Institutionen, zu denen neue Lyrikzeitschriften, poetische Publikationsreihen, Stipendien, Lyrikpreise, Fördermaßnahmen von öffentlichen und privaten Kunst- und Kulturstiftungen sowie die neuen Poesiefestivals gehören, die vielerorts entstanden sind. In Bogotá wurde im Januar 1983 die Poesiezeitschrift «Golpe de Dados» gegründet, die es inzwischen auf über hundert Ausgaben gebracht hat. Die Lyrikzeitschrift «Ulrika» und die kolumbianische Kulturorganisation «Colcultura» veranstalteten mehrere lateinamerikanische Poesiewochen in der Hauptstadt Bogotá.

Ein Dreh- und Angelpunkt der kolumbianischen Lyrikszene ist der 1946 in Medellín geborene Lyriker Juan Manuel Roca, der heute in Bogotá lebt, mehrere Poesiewerkstätten der «Casa de Poesía Silva» koordiniert, an jener Poesiezeitschrift «Golpe de Dados» mitarbeitet und die Sonntagsbeilage «Magazín Dominical» mit einer Poesie-Seite in der großen kolumbianischen Zeitung «El Espectador» leitet.

In Medellín wurde 1982 die Poesiezeitschrift «Prometeo» gegründet, die inzwischen über vierzig Ausgaben veröffentlicht hat. Im April 1991 wurde von den «Prometeo»-Herausgebern Fernando Rendón und Ángela García das «Internationale Poesie-Festival von Medellín» in einer der schlimmsten Terrorphasen des Drogenkrieges begründet.

Mit den alljährlichen Festivals sind weitere Aktivitäten entstanden, darunter die Lyrikreihe «Hipnos». Des weiteren gehören von Beginn an aber auch Videodokumentationen der Festivals und Poesiewerkstätten in mehreren Stadtvierteln dazu, seit 1992 die Radiosendung «Torre Abolida» im Kultursender der Universität Antioquia, der zudem im Bereich von «Radio Arte» eine Vorbildfunktion für ganz Lateinamerika ausübt, seit 1993 der neue internationale Poesiepreis «Ciudad de Medellín» im 2-Jahres-Turnus und seit 1994 die Kassettenreihe «Voces».

Vom 9. bis 14. Juni 1995 fand das «V. Festival Internacional de Poesía en Medellín» statt. Mehr als fünfzig Dichter lasen in Parkanlagen und auf der Plazoleta einer Universität, im Bahnhof, Planetarium und Botanischen Garten, in Theatern, Bibliotheken und Kulturhäusern. Der massive Publikumszulauf bei der tropischen Fiesta der Poesie konnte durch ein Sprengstoffattentat im Stadtpark San Antonio nicht aufgehalten werden, bei dem dreißig Menschen ums Leben kamen und über zweihundert Menschen verletzt wurden. Das Poesie-Festival wurde ursprünglich initiiert als ein Impuls der Hoffnung, des Überlebens und der Menschenwürde, den alle anwesenden Dichter angesichts des Anschlages bekräftigten. Der Schlüsselsatz ihrer Presseerklärung lautete: «Die Poesie ist Sand und nicht Brennstoff in der Maschinerie des Horrors. Wir machen also weiter.»

Daß sich laut kontinentaler Meinungsumfragen gerade die Dichter an erster Stelle auf der Beliebtheitsskala der lateinamerikanischen Bevölkerung befinden, ist ein Hinweis auf das hohe Ansehen, das dort ein Poet genießt, aber auch auf seine Verantwortung. An den Brennpunkten der Barbarei gilt allein das Wort der Poesie als wirklicher Ausdruck der Freiheit, Solidarität und Brüderlichkeit.

Im vergangenen Jahr folgte schließlich die Planung und Vorbereitung der am 6. Juni 1996 in Medellín eröffneten ersten lateinamerikanischen «Escuela de Poesía» in der Universität Antioquia, die in Zusammenarbeit mit der ebenfalls 1991 entstandenen Wiener «Schule für Dichtung» begründet wurde. In sieben Meisterklassen wurden Schreibwerkstätten, Poetikstudien und Kursvorführungen mit den kolumbianischen Lyrikern Giovanni Quessep, Raúl Henao und natürlich Juan Manuel Roca, der venezolanischen Dichterin Alicia Torres und dem brasilianischen Dichter Haroldo de Campos durchgeführt.

Zwischen dem 13. und 20. Juni 1996 fand das «VI. Internationale Poesie-Festival» in Medellín statt. Jahr für Jahr entwickelte sich die innere Dynamik des «Festival Internacional de Poesía en Medellín» zum heutzutage größten Poesie-Festival auf dem panamerikanischen Kontinent. Im Laufe einer Juniwoche versammeln sich mehrere zehntausend Menschen, um die Dichterinnen und Dichter aus inzwischen allen fünf Kontinenten zu sehen und die Gedichte zu hören, um das andere Feuer in ihrer «Welthauptstadt der Poesie» mit Begeisterung zu feiern: *¡Siempre la poesía! ¡Viva la poesía!*

An diesem konkreten Vorbild der «Capital Mundial de la Poesía» Medellín orientiert sich seit 1993 das argentinische «Festival Latinoamericano de Poesía» in der Hafen- und Tangostadt Rosario am Río Paraná, gut vier Autostunden von Buenos Aires entfernt. Hier fand vom 21. bis 24. Juni 1995 das III. Lateinamerikanische Poesie-Festival statt, das innerhalb Argentiniens eine Vorreiterrolle für das Poesie-Phänomen Lateinamerikas spielt.

Einerseits wird dem erdrückenden Zentralismus der Hauptstadt Buenos Aires entgegengewirkt, indem ein überfälliges Forum für die Lyrik aus allen argentinischen Regionen geboten wird. Andererseits waren mehrere Poeten aus den Nachbarländern anwesend, darunter aus Brasilien, Chile, Guatemala, Kolumbien, Paraguay und Uruguay. Die integrale argentinische und auch lateinamerikanische Dimension des Lyrik-Festivals hat die Großstadt Rosario zur argentinischen «Capital Nacional de la Poesía» gemacht.

An den argentinischen Hintergrund der poetischen Bewegung erinnerte der junge Lyriker Reynaldo Sietecase aus Rosario, der von den lebensbedrohlichen Bedingungen unter der Diktatur von 1976 bis 1983 erzählte, als junge Dichter im nächtlichen Schutz der Dunkelheit die Hauswände mit Gedichten bemalten, um sich bemerkbar machen zu können. Mehrere Autoren wurden damals von Militärpatrouillen aufgegriffen und gehören seitdem zu den Verschwundenen, deren Schicksal bis heute noch nicht aufgeklärt wurde. In jenen finsteren Zeiten galt das Wort der Poesie als eine subversive Verschwörung.

Unvergeßlich ist die Poesiezeitschrift «El lagrimal trifurca», die Francisco Gandolfo in Rosario herausgab. 1979 gründete Víctor F. A. Redondo die exzellente Lyrikzeitschrift «Último Reino» und den gleichnamigen Lyrikverlag in Buenos Aires. Der Dichter Javier Cófreces brachte in Buenos Aires 1981 die wichtige Poesiezeitschrift «La danza del ratón» heraus. Beide sind auch heute weiterhin aktiv. «El Jabalí», herausgegeben von Pablo Narral und Daniel Chirom, gehört seit 1993 zu den jüngsten Poesiemagazinen.

Über siebzig Poeten lasen, sprachen und diskutierten im Kulturzentrum Bernardino Rivadavia sowie im Centro Cultural der Universität Rosario. Die ortsansässige Zuckerfabrik «Brattoli» begleitete in den Pausen bei Kaffee, Mate oder Schwarztee den Poesie-Marathon mit ihren Zuckerheftchen, auf denen in Zusammenarbeit mit der 1994 von Guillermo Ibáñez gegründeten Lyrikzeitschrift «Poesía de Rosario» mehrere Kurzgedichte von zehn lokalen Dichtern millionenfach abgedruckt wurden. Die Tageszeitung «La Capital» ließ ihre Mitarbeiter, darunter viele Dichter und Schriftsteller der zweitgrößten Metropole Argentiniens, ausschwärmen, um Interviews aufzuzeichnen und Porträts zu schreiben, die dann über das ganze Jahr jeweils ganzseitig in der Sonntagsausgabe erschienen.

Der Höhepunkt des Festivals wurde an einem späten Freitagabend von der großen alten Dame der argentinischen Poesie, Olga Orozco, zelebriert, die mit ihren elegischen Gedichten die Zuhörenden in ihren Bann schlug.

Das jüngste IV. Lateinamerikanische Poesiefestival in Rosario fand vom 26. bis 29. Juni 1996 statt, während in diesem Jahr in der pulsierenden Metropole Buenos Aires eine ganzjährige, an jedem Wochenende weiterführende Poesie-Veranstaltungsreihe im gut besuchten Kulturzentrum San Martín vom Lyrikverlag «Libros de Alejandría» gestartet wurde.

Im uruguayischen Montevideo, in Santiago de Chile (anläßlich des 100. Geburtstages von Vicente Huidobro), in San José de Costa Rica, im peruanischen Lima, in Mexiko-Stadt und an vielen anderen Orten fanden weitere lateinamerikanische Poesie-Festivals statt – wie zum Beispiel in Caracas. In der venezolanischen Metropole wurde auch ein Haus der Poesie gegründet, die «Casa de la Poesía Juan Antonio Pérez Bonalde», das selbstverständlich von einem

Dichter geleitet wird, Santos López. Seit 1992 wird im Kulturzentrum Consolidado die jährliche «Semana Internacional de la Poesía» veranstaltet, für die eigens der «Premio Internacional de Poesía Pérez Bonalde» gegründet wurde. Dem großen venezolanischen Dichter und Essayisten Juan Liscano wurde anläßlich seines achtzigsten Geburtstages die IV. Internationale Poesiewoche vom 21. bis 27. August 1995 in Caracas gewidmet. Die jüngste V. Semana Internacional de la Poesía fand vom 26. bis 30. August 1996 in Caracas statt. *La poesía en el centro.*

Der brasilianische Dichter und Herausgeber der 1993 neugegründeten Lyrikzeitschrift «Poesia sempre», Affonso Romano de Sant'Anna, hat in seinem Essay «*Lyrik-Boom* in Lateinamerika» über diesen Paradigmen-Wechsel berichtet: *weg vom Roman, hin zur Poesie.* Über die aktuelle poetische Kultur und «völlig unerwartete Handlungsspielräume für die lateinamerikanische Verlagswelt» hat Affonso Romano de Sant'Anna zu Recht mit einiger Verwunderung angemerkt: «Aus heutiger Sicht mutet es geradezu unverständlich an, daß der lateinamerikanische ‹Boom› der sechziger Jahre, der sich zudem im Literatur-Export nach Europa und in die Vereinigten Staaten widerspiegelte, nicht auch verstärkt die Poesie Lateinamerikas betraf.»

Und der Schweizer Romanist Gustav Siebenmann vermerkte als ersten Satz seines Handbuches *Die lateinamerikanische Lyrik 1892–1992* folgendes: «Zu Unrecht ist die lyrische Gattung, deren Entwicklung in Lateinamerika in den vergangenen hundert Jahren im weltliterarischen Vergleich sensationell ist, von der Erfolgsgeschichte des lateinamerikanischen Romans überschattet worden.»

In diesem Zusammenhang ist es durchaus schwer verständlich, daß es inzwischen von zwei der herausragenden Dichter Lateinamerikas, Álvaro Mutis und José Emilio Pacheco, zwar deutsche Fassungen ihrer Prosaarbeiten, aber noch keinen einzigen Gedichtband gibt.

In editorischer Hinsicht kennzeichnet die neue lateinamerikanische Poesie ein an sich äußerst fruchtbares und lebendiges Feld, das sich jedoch kaum in den deutschsprachigen Verlagsprogrammen findet.

Von den hier versammelten Autoren gab es lediglich vom frühen Haroldo de Campos, von Antonio Cisneros und Gonzalo Rojas verstreute Gedichtbände, die inzwischen vergriffen sind. Einzeltitel von Roberto Juarroz und Pedro Shimose liegen zwar neuerdings vor, aber auch das ist kaum mehr als eine kleine Annäherung, wenn man die authentische Vielfalt der poetischen Stimmen betrachtet.

Die hier erst noch zu erschließende neue Poesie Lateinamerikas befindet sich in einem faszinierenden Strukturwandel, der neue Wege und internationale Echoräume erreicht hat. Bis in die jüngeren Generationen hinein verdienen die lateinamerikanischen Lyrikerinnen und Lyriker durchaus mehr als unsere informative Beachtung. Im alternativen Mittelpunkt steht nicht weniger als die Intensität und die «poetische Emotion» des Wortes.

Gonzalo Rojas

Olga Orozco

Haroldo de Campos

Affonso Romano de Sant'Anna

José Emilio Pacheco

Pedro Shimose

Santiago Kovadloff

Miriam Alves

Humberto Ak'abal

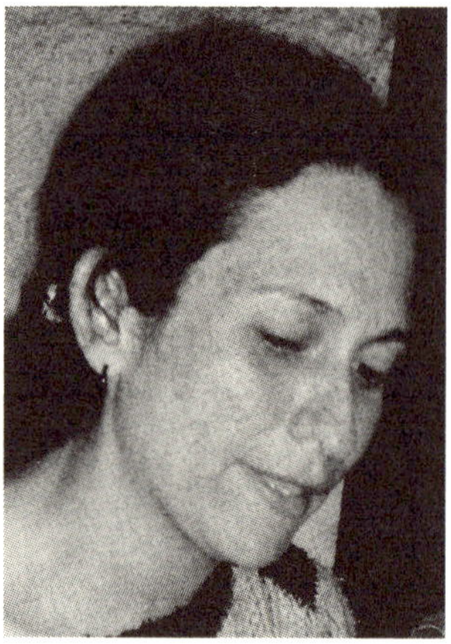

Reina María Rodríguez

María Rosa Lojo

Ana Istarú

Ángela García

Luis Ignacio Helguera

Rolando Sánchez Mejías

Gedichte

Gonzalo Rojas

Die Tage vergehen so schnell

Für Vicente Gerbasi

Die Tage vergehen so schnell im dunklen Strom, daß jede
Rettung
mich lediglich tief atmen läßt, damit die Luft in meiner Lunge
eine Woche länger anhält, die Tage gehen so rasch
ins unsichtbare Meer über, daß mir kein Blut mehr bleibt zum
sicheren Schwimmen,
und ich verwandle mich in einen weiteren Fisch mit meinen
Gräten.

Ich kehre zu meinem Ursprung zurück, ich gehe dorthin, dort
erwartet mich niemand, ich eile in die mütterliche Tiefe,
in der die Knochen aufhören, ich gehe zu meinem Saatkorn,
denn es steht geschrieben, daß es sich in den Sternen erfüllt
und in dem armen Wurm, der ich bin, mit meinen Wochen
und den genüßlichen Monaten, die ich noch erwarte.

Man ist hier und weiß nicht, daß es nicht so ist, zum Lachen
bringt es einen, wenn man dieses fiebrige Spiel begonnen hat,
aber der grausame Spiegel entziffert es dir eines Tages,
und du wirst bleich und tust so, als ob du es nicht glaubtest,
als ob du es nicht hörtest, mein Bruder, und es ist dein eigenes
  Schluchzen, dort im Hintergrund.

Wenn du eine Frau bist, ziehst du dir die schönste Maske auf,
um dich zu hintergehen; wenn du ein Mann bist, stellst du dich
knochenhart hin, aber in dir ist es völlig anders,
da ist nichts, da ist niemand, nur du selbst stehst da:
so ist es doch besser, der Gefahr klar ins Gesicht zu blicken.
Laß uns bereit sein. Laß uns nackt bleiben
mit dem, was wir sind, aber wir verbrennen, was wir sind,
wir verfaulen nicht. Wir glühen. Wir atmen
ohne Angst. Wir erwachen an der großen Wirklichkeit,
jetzt geboren zu werden und in der letzten Stunde.

Aus dem Spanischen von Juana und Tobias Burghardt

Los días van tan rápidos

A Vicente Gerbasi

Los días van tan rápidos en la corriente oscura que toda salvación / se me reduce apenas a respirar profundo para que el aire dure en mis pulmones / una semana más, los días van tan rápidos / al invisible océano que ya no tengo sangre donde nadar seguro / y me voy convirtiendo en un pescado más, con mis espinas. // Vuelvo a mi origen, voy hacia mi origen, no me espera / nadie allá, voy corriendo a la materna hondura / donde termina el hueso, me voy a mi semilla, / porque está escrito que esto se cumpla en las estrellas / y en el pobre gusano que soy, con mis semanas / y los meses gozosos que espero todavía. // Uno está aquí y no sabe que ya no está, dan ganas de reírse / de haber entrado en este juego delirante, / pero el espejo cruel te lo descifra un día / y palideces y haces como que no lo crees, / como que no lo escuchas, mi hermano, y es tu propio sollozo allá en el fondo. // Si eres mujer te pones la máscara más bella / para engañarte, si eres varón pones más duro / el esqueleto, pero por dentro es otra cosa, / y no hay nada, no hay nadie, sino tú mismo en esto: / así es que lo mejor es ver claro el peligro. // Estemos preparados. Quedémonos desnudos / con lo que somos, pero quememos, no pudramos / lo que somos. Ardamos. Respiremos / sin miedo. Despertemos a la gran realidad / de estar naciendo ahora, y en la última hora.

Olga Orozco

Wintermärchen

Keiner widerlegt mir den Frühling, weder die Glut der Erwartung noch das Gold der Feste.
Aber seit Jahren wohne ich in dieser Hütte mitten im Wald,
in dem die Äste grundlos sprechen, die Stille fürchterlich ist
und in den schönsten Träumen die Wölfe Zuflucht suchen.
Vielleicht ist es das Hexenhaus oder das Wirtshaus der Geister.
Ich weiß es nicht. Ich vergaß es,
wie man gewöhnlich die Lichter und die Schatten vergißt,
oder verwechsel ich es etwa mit der Strafecke oder dem Windbruch.
Hier zittern die Sturmtage, weil sie sich vor der Nacht fürchten;
nie scheint die Sonne, immer gehetzt von den langen Zähnen des Winters,
und alles, was ich je liebte, verflüchtigte sich in den Wolken,
wurde mir von blassen Flügeln, die kommen und gehen, entrissen,
in ihren harten Federn nistet vielleicht die Ewigkeit.
Wie kam ich in diese Höhle ohne Wärme und ohne Erbarmen?
Ich verstreute weder Kiesel noch Brotkrumen als Lichtzeichen für den Rückweg.
Und wohin zurückkehren, wenn mich alle Pfade hierher zurückbringen,
wie in den Labyrinthen der verirrten Kinder?
Obwohl ich vielleicht nicht nur an diesen Ort zurückkomme, weil mich ein Taumel anzieht,
sondern weil ich ihn an meinen Füßen trage, an meiner eigenen Strafe.
Der Nebel nahm ihn vorweg, als er meinen Schritt im Garten umkreiste,
das Spiegelbild von diesem abgeschiedenen Haus im Weiher kündigt ihn an,
ihn bestätigt das Knarren deines Schlüssels in der Tür des verrosteten Morgens,

wenn du dich bereits näherst, wenn du mich schon witterst, wenn
du kommst,
ja, du, die unsichtbare Feindin mit Hundeherz,
Rabenschatten, Schlangenspur,
die Gierige, die Tag für Tag diese Hand verzehrt, die ich durch
den Käfig reiche,
durch mein Wintermärchen, bis zum anderen Ende.

Aus dem Spanischen von Juana und Tobias Burghardt

Cuento de invierno

Nadie me desmintió la primavera, ni el ardor de las ascuas, ni el oro de la fiesta. / Pero hace muchos años que habito en esta choza en el medio del bosque, / donde las ramas hablan sin motivo, los silencios son crueles / y en los sueños más bellos se cobijan los lobos. / Tal vez sea la casa de la bruja, o quizás la posada de las ánimas. / No lo sé; lo he olvidado / como se olvida uno las luces y las sombras de costumbre, / o acaso me confunda con el rincón para las penitencias o con el apeadero de los vientos. / Aquí los días tiemblan, tormentosos, porque les temen a las noches; / nunca se asoma el sol, siempre acosado por los largos colmillos del invierno, / y todo cuanto amé se disolvió en las nubes / o me fue arrebatado por unas alas pálidas que llegan y se van / y en cuyas duras plumas se guarece tal vez la eternidad. / ¿Cómo llegué a esta cueva sin calor y sin misericordia? / No he dejado guijarros ni migajas de pan como señales de luz para el regreso. / ¿Y hacia dónde volver, si todos los caminos me devuelven aquí, / como en los laberintos de los niños perdidos? / Aunque quizás no vuelva de nuevo a este lugar sólo porque algún vértigo me aspire, / sino porque lo llevo adherido a mis pies, a mi propia condena. / Lo anticipó la niebla girando con mi paso en el jardín; / lo anunciaba el reflejo de esta casa todavía remota en el estanque; / lo confirma el chirrido de tu llave en la puerta del oxidado amanecer, / cuando ya te aproximas, cuando ya me olfateas, cuando llegas. / Sí, tú, la enemiga invisible con corazón de perro, / sombra de cuervo, rastro de serpiente; / la voraz que consume un poco cada día esta mano que asomo a través de la jaula, / a través de mi cuento, hasta el otro final.

Álvaro Mutis

Nachtstück

Diese Nacht ist der Regen über die Kaffeefelder
    wiedergekommen.
Über die Bananenblätter,
über die hohen Cámbulo-Zweige
regnete diese Nacht unaufhörlich und endlos,
die Bewässerungsgräben werden angefüllt, die Flußläufe
    verbreitet,
wo die nächtliche Strömung aus Pflanzen und Lehm rauscht.
Der Regen besingt auf den Zinkdächern
seine Anwesenheit und nimmt mir den Schlaf,
bis er mich mit der ruhlosen Flutung zurückläßt,
die kühle Nacht, die tropft
durch das hohe Kaffeegezweig
und am kranken Baumstumpf der riesigen Bootspfähle abfließt.
Jetzt, inmitten der Nacht,
ist der Regen plötzlich über die Kaffeefelder zurückgekommen,
und durch das pflanzliche Stimmengewirr der Wasser
erreicht mich die Unberührtheit der Dinge aus anderen Tagen,
hinübergerettet von der fremden Arbeit der Jahre.

Aus dem Spanischen von Juana und Tobias Burghardt

Nocturno

Esta noche ha vuelto la lluvia sobre los cafetales. / Sobre las hojas de plátano, / sobre las altas ramas de los cámbulos, / ha vuelto a llover esta noche un agua persistente y vastísima / que crece las acequias y comienza a henchir los ríos / que gimen con su nocturna carga de lodos vegetales. / La lluvia sobre el zinc de los tejados / canta su presencia y me aleja del sueño / hasta dejarme en un crecer de las aguas sin sosiego, / en la noch fresquísima que chorrea / por entre la bóveda de los cafetos / y escurre por el enfermo tronco de los balsos gigantes. / Ahora, de repente, en mitad de la noche / ha regresado la lluvia sobre los cafetales / y entre el vocerío vegetal de las aguas / me llega la intacta materia de otros días / salvada del ajeno trabajo de los años.

Ida Vitale

Schmetterling, Gedicht

In der Luft lag
lose und ungenau das Gedicht.
Ebenso vage
kam der Nachtfalter daher,
weder schön noch bedeutend,
um sich zwischen Fächerschirmen
zu verlieren. Das ausgefranste,
schwache Band der Wörter
verflüchtigte sich mit ihm.
Werden beide wiederkommen?
Vielleicht irgendwann nachts,
wenn ich über nichts Bedeutsames
mehr schreiben möchte,
nur über diesen verborgenen Falter,
der Licht und Glück meidet.

Aus dem Spanischen von Juana und Tobias Burghardt

Mariposa, poema

En el aire estaba / impreciso, tenue, el poema. / Imprecisa también / llegó la mariposa nocturna, / ni hermosa, ni agorera, / a perderse entre biombos de papeles. / La deshilada, débil cinta de palabras / se disipó con ella. / ¿Volverán ambas? / Quizás, en un momento de la noche, / cuando ya no quiera escribir / algo más agorero acaso / que esa escondida mariposa / que evita la luz, como las Dichas.

Haroldo de Campos

Anatomie des Tors

Anatomia do gol

jogar um
jogo
é como
jogar o jogo
da pintura ou
do poema

jogar o jogo
do poema
(ou da pintura)
é como
jogar qualquer
jogo

as mãos jogam
cartas ou
basquete
na
mesa ou na
quadra
os pés jogam
bola
no
campo ou na
praia

mas quem joga
mesmo é o
cérebro

ein spiel
spielen
ist wie
das spiel
der malerei oder
des gedichts

das spiel zu spielen
des gedichts
(oder der malerei)
ist wie
irgendein
spiel

mit den händen
spielt man
karten oder
basketball
auf dem
tisch oder auf der
straße
mit den füßen spielt
man
fußball
auf dem
rasenplatz oder am
strand

aber in erster linie
spielt das
gehirn
seine kapazität und
das
kleinhirn

suas bossas e
cerebelo
seus lobos:
um jogo de luz
sem peso
que faz passar por
um triz
por um cabelo
ou acertar
em cheio:
mão de baralho
plena
ou pé no tiro
certeiro

antonio
lizárraga joga
um jogo de
cartas marcadas
um jogo onde tudo joga
e tudo se faz jogada

um futebol de papel
com peças de diamante
triângulos
setas
arestas
acuando o círculo
migrante

retranca aberta
dábliu-eme
pelo meio
ferrolho suíço

seine lappen, flügel:
ein lichtspiel
ohne gewicht
das beinahe durch
ein haar
geht
oder gänzlich
gewinnt:
die ganze
  geschicklichkeit
der hand
oder der treffsichere
  schuß
des fußes

antonio
lizárraga spielt
ein spiel mit
gezinkten karten
ein spiel in dem
  alles spielt und
alles zum spielzug
  wird

eine art fußball aus
  papier
mit diamanten
  stücken
dreiecken
pfeilen
kanten
die den ziehenden
  kreis
verlassen und
  verlieren

offener hemmschuh
we-em
wegen des halben
schweizer schlosses

casados contra solteiros
ponta recuado
overlapping
pelas pontas
triangulagem
carrossel holandês
quadrado mágico

chegados neste qua-
  drado
a gente pára e medita:
se o círculo ficou acuado
se pensa como o estagi-
  rita
ou se ainda foge →
evasivo →
perseguido por sagi-
tas →

o que se vê é o centro:
um triângulo △ uma
  tríade
(como charles sanders
  peirce
gostava de ver com a
  mente)
toda de branco o habita

verheiratete gegen
  alleinstehende
zurückweichende
  spitze
überlappend
an den spitzen
dreiecksverhältnis
holländisches
  karussell
magisches quadrat

angelangt bei
  diesem quadrat
halten wir inne und
  überlegen:
wenn vom kreis
  nichts mehr
  bleibt
denkt man wie
  Aristoteles
  Stagyr
oder wenn er noch
  flieht →
und gerade
  ausweicht →
verfolgt von pfei-
  len →
was man im mittel-
  punkt sieht,
ist ein dreieck △ eine
  trias
(wie charles sanders
  peirce
gern mit der seele
  schaute)
ganz in weiß dort
  wohnend

é o uno posto no trino?
é o primeiro
concluso no seu
terceiro?
são as de pitágoras
últimas categorias
primevas?

não sei não sabe-
 mos
por mais
que e gente dê tratos
à bola
ninguém atinge essa
meta (sol)

onde se exaure a pintura
e o poema:
sede secreta
(gol)

ist das eine in die
 dreiheit gelegt?
ist das erste
abgeschlossen im
dritten?
sind die des
 pythagoras
die ursprünglich
letzten kategorien?

ich weiß nicht wir
 wissen nicht
sosehr sich
der ball
auch dreht
niemand erreicht
 dieses
ziel (sonne)

wo die malerei
 aufhört
und das gedicht
geheimer sitz
(tor)

Aus dem brasilianischen Portugiesisch von Juana und Tobias Burghardt

Affonso Romano de Sant'Anna

Die Verschwundenen I

Auf einmal begannen die Personen
auf seltsame Weise zu verschwinden,
sie verschwanden,
man verschwand reichlich in jenen Tagen.

Einer ging Blumen pflücken
und löste sich auf,
man verschwand bei dieser oder jener Adresse
oder auf der Taxifahrt,
schuldig oder nicht,
sie verschwanden beim Verlassen des Büros
oder auf einer Zechtour,
der Trinker verschwand
zwischen einem Schluck Cognac und einer Geste,
der Vater löste sich beim Besuch der Tochter
in nichts auf, und sie bemerkte es nicht,
Mütter verschwanden, die ihre Kinder und Einkaufstüten
fest an sich drückten, strickende Schwangere
oder Studentengruppen, sie alle verschwanden,
mitten im Kuß verschwanden die Liebenden,
Ärzte verschwanden beim chirurgischen Eingriff,
die Mechaniker lösten sich auf,
ohne den Kurs des Tages anzuschließen,
man verschwand reichlich
in jenen Tagen

und direkt vor der Nase,
doch es war keine Kurzsichtigkeit,
man verschwand auf den ersten Blick, es reichte,
einen Verschwundenen zu sehen,
und der Verschwundene verschwand,
es verschwand der Berühmteste
und der Finsterste,
sogar die Abgeordneten und Präsidenten lösten sich auf,

die abgehobenen Priester stellten wunderliche Dinge
im Jenseits fest,
weil die Sünder wegblieben,

sie verschwanden, man verschwand reichlich
in jenen Tagen,
die Schauspieler auf der Bühne
zwischen einer Geste und der andern, die Zuschauer
in den Logen beim Gelächter.
Nein, es war nicht leicht,
Dichter in jenen Tagen zu sein,
denn in erster Linie verschwanden
die Dichter.

Aus dem brasilianischen Portugiesisch von Juana und Tobias Burghardt

Os desaparecidos I

De repente, naqueles dias, começaram / a desaparecer pessoas, estranhamente. / Desaparecia-se. Desaparecia-se muito / naqueles dias. // Ia-se colher a flor oferta / e se desvanecia. / Eclipsava-se entre um endereço e outro / ou no taxi que se ia. / Culpado ou nao, sumia-se / ao regressar do escritório ou da orgia. / Entre um trago de conhaque / e um aceno de mão, o bebedor sumia. / Evaporava o pai / ao encontro da filha que não via. / Mães segurando filhos e compras, / gestantes com tricots ou grupos de estudantes / desapareciam. / Desapareciam amantes em pleno beijo / e médicos em meio à cirurgia. / Mecânicos se diluiam / – mal ligavam o torno do dia. / Desaparecia-se. Desaparecia-se muito / naqueles dias. // Desaparecia-se a olhos vistos / e não era miopia. Desaparecia-se / até à primeira vista. Bastava / que alguém visse um desaparecido / e o desaparecido desaparecia. / Desaparecia o mais conspícuo / e o mais obscuro sumia. / Até deputados es presidentes evanesciam. / Sacerdotes, igualmente, levitando / iam, aerefeitos, constatar no além / como os pecadores partiam. // Desaparecia-se. Desaparecia-se muito / naqueles dias. / Os atores no palco / entre um gesto e outro, e os da platéia / enquanto riam. / Não, não era fácil / ser poeta naqueles dias. / Porque os poetas, sobretudo / – desapareciam.

José Emilio Pacheco

Römisches Gespräch

Wir beten für die nächsten Generationen,
überhäuft mit Langeweile und Enttäuschungen;
mit ihnen versinken wir gemeinsam in die Nacht ...
Amado Nervo, *Oremus* (1898)

Jener Dichter sagte mir in Rom:
– Du weißt nicht, wie sehr es mich traurig stimmt,
wenn ich dich flüchtige Prosa für Zeitungen schreiben sehe.

Im Forum Romanum gibt es Gestrüpp. Der Wind
salbt die Pollen mit Staub.

Vor der großen Sonne aus Marmor geht Rom
vom Ocker in Gelb über,
in Graubraunschwarz, in Bronze.

Überall zerbricht gerade etwas.
Unser Alter wird rissig und spröde.
Es ist Sommer,
und man kann nicht durch Rom gehen.
Soviel überwältigende Größe. Man tankt und belädt
die Autos gegen Lebewesen und Städte.

Hundertschaften und Stoßtrupps und Legionen,
Projektile oder Särge, Alteisen,
Ruinen in der Ruinenlandschaft des Mülls,
Abfälle in den Straßen ohne Erinnerung:
Plastikreste und Flaschen und Blechdosen.
Der Kreislauf des Konsums: der Überfluß
bemißt sich an der Flut seiner Schutthalden.
(Aber es gibt Gräser, Keimlinge im Marmor.)

Es ist warm. Wir gehen weiter.
Ich möchte weder mir antworten noch mich fragen,

ob etwas heute Geschriebenes
tiefere Spuren hinterläßt
als ein ausrangierter Helm, eine leere Flasche
oder eine weggeworfene Plastikhülle
auf den Wassern des Tiber.

Vielleicht halten unsere Verse so lange
wie ein Ford Baujahr 69
– doch viel weniger als der VW Käfer.

Conversación romana

Oremos por las nuevas generaciones / abrumadas de tedios y decepciones; / con ellas en la noche nos hundiremos . . .
Amado Nervo, *Oremus* (1898)

En Roma aquel poeta me decía: / – No sabes cuánto me entristece verte / escribir prosa efímera en periódicos. // Hay matorrales en el Foro. El viento / unge de polvo el polen. // Ante el gran sol de mármol Roma pasa / del ocre al amarillo, / el sepia, el bronce. // Algo se está quebrando en todas partes. / Se agrieta nuestra edad. / Es el verano / y no se puede caminar por Roma. / Tanta grandeza avasallada. Cargan / los coches contra seres y ciudades. // Centurias y falanges y legiones, / proyectiles o féretros, chatarra, / ruinas en la ruindad de la basura, / desechos en las calles sin memoria: / plásticos y botellas y hojalata. / Círculo del consumo: la abundancia / se mide en el raudal de sus escombros. / (Pero hay hierbas, semillas en el mármol.) // Hace calor. Seguimos caminando. / No quiero responderme ni preguntarme / si algo escrito hoy / dejará huellas / más profundas que un casco desechable / o una envoltura plástica arrojada / a las aguas del Tíber. // Acaso nuestros versos duren tanto / como un modelo Ford 69 / – y muchísimo menos que el Volkswagen.

Alle unsere Vergangenheiten

Ich schreibe in die Wanderdüne
das Wort der Nichtwiederkehr.

Das andere Wort, das ich in den Fels meißelte,
hat sich mit Moos gefüllt. Die Witterung
bedeckte es mit Zeit. Und heute weiß ich nicht,
was dort stehen wird, wenn ich es endlich lese.

Des Weges

Die Zeit verging nicht:
Sie ist hier.
Wir gehen daran vorbei.

Nur wir sind die Vergangenheit.

Zugvögel, die weiterflogen
und nun
allmählich
sterben.

Schon fährt der Zug

Ich besteige den Zug der Vergangenheit.
Er bringt mich
an den Ort, wo das Gedächtnis sich auflöst.

Die Brücken sind Abgründe.
Jeder Tunnel
mündet in die Höhlenzeit.

Vom letzten Wagen aus erblicke ich das Leben.
Es sagt mir: Auf Wiedersehen.
Und dort in der Ferne bleibt es jetzt ganz allein.

Aus dem Spanischen von Juana und Tobias Burghardt

Todos nuestros ayeres

Inscribo en la arena errante / la palabra del no volver. // La otra palabra que grabé en la roca / se ha llenado de musgo. La intemperie / la recubrió de tiempo. Y hoy ignoro / qué va a decir cuando por fin la lea.

De paso

El tiempo no pasó: / Aquí está. / Pasamos nosotros. // Sólo nosotros somos el pasado. // Aves de paso que pasaron / y ahora, / poco a poco, / se mueren.

Ya se va el tren

Subo al tren del pasado. / Me conduce / al sitio en que se borra la memoria. // Los puentes son abismos. / Cada túnel / desemboca en la edad de las cavernas. // Desde el furgón de cola veo la vida. / Me dice adiós. / Y allá a lo lejos se va quedando solita.

Ulises Estrella

X

X

Antes de su invento
el cine ya estuvo en nosotros.

Hemos proyectado
hacia dentro
universos de sueño
que la vigilia
jamás conocerá.

Visibilidad,
propuso Italo Calvino
para el próximo milenio

pensar con imágenes
huir del vértigo
de lo innumerable,
dejando palabras
en los pozos sin fondo
del nacer
indecible
al morir
indefinible.

Visión intensiva:
poesía posible
del imposible
mundo viviente.

Vor seiner Erfindung
lebte das Kino bereits in uns.

Wir haben Traumwelten
nach innen
projiziert,
die das Wachbewußtsein
niemals kennen wird.

Anschaulichkeit
schlug Italo Calvino
für das nächste Jahrtausend
vor,

mit Bildern denken,
vom Taumel
der Unzahl fliehen,
Wörter zurücklassen
in dem Brunnen ohne Grund
vom unsagbaren
Geborenwerden
zum unerklärlichen
Sterben.

Eindringliche Sicht:
die mögliche Poesie
der unmöglich
lebendigen Welt.

Innenräume

Aus diesen Einsamkeiten,
sagst du,
werden wir
eine Brücke bauen,

wenn der Abgrund ein Mittelpunkt ist,
ist jeder Anfang bereits eine Frucht,
jedes Ende ein verstandener Wunsch,

kein falscher Schritt wird möglich sein,

aus diesen Nähen,
sage ich,
sind du und ich die Brücke,
nicht weniger
und nicht mehr,
um den täglichen Abgrund auszugleichen.

Aus dem Spanischen von Juana und Tobias Burghardt

Interiores

Desde estas soledades / – decías – / vamos juntos / a tender un puente // si el abismo es centro / cada comienzo ya es un fruto / cada final un ansia comprendida // no habría paso en falso posible // desde estas cercanías / – digo – / tú y yo somos el puente / nada menos / nada más / para equilibrar el diario abismo.

Pedro Shimose

Hohes Flußufer

Ribera Alta

En la alta
ribera
un hombre espera
volver a Riberalta.
En su tierra colorada
todo es alborada.
No hace falta
la melancolía
de la tarde
en el barranco.
El cielo arde
y el amor fermenta
su melaza.
Junto a un banco
de la plaza
el totaí cuenta
lo que fuimos
y el bibosi lamenta
lo que no hicimos.

En la alta ribera:
el sol y la palmera.

En la ribera alta
sólo tú prevaleces
en forma de alegría.
A veces,
te llamas Riberalta;
otras, Poesía.

Am hohen
Flußufer
wartet einer darauf,
nach Riberalta zurückzukehren.
In seinem Land der roten Erde
ist alles Morgendämmerung.
Der Melancholie
des Nachmittags
bedarf es nicht
am Steilufer.
Der Himmel brennt,
und die Liebe veredelt
ihre Melasse.
Bei einer Bank
auf der Plaza
erzählt die Totaí-Palme,
wer wir waren,
und der Bibosi-Busch bedauert,
was wir nicht taten.

Am hohen Flußufer:
die Sonne und die Palme.

Am hohen Flußufer
überwiegst du allein,
ausgelassen und froh.
Manchmal
heißt du Riberalta;
ansonsten: Poesía.

Unter Bibosi-Büschen

Von einem Mallarmé-Vers in den Tropen träumen.
Und im Mondlicht ein Stück dieses Traumes sein.

Zur Zärtlichkeit eines Körpers zurückkehren, der meiner war
und wieder meiner sein wird, sobald sie es auch nur möchte.

Mir bleibt wenig Zeit. Mir tut es leid. Ich muß fortgehn,
um mein Schicksal als melancholisches Tier zu erfüllen.

Unter diesen Umständen schmerzt mich der Gedanke,
obwohl ich einiges weiß, worüber ich schweige, egal.

Eine Frau geht durch die leeren Straßen und Plätze
einer fernen Stadt. Ich erkenne ihre Schritte wieder.

Vom Zufall halte ich nichts, stelle keine Fragen,
versuche nur, mich an ihren Namen zu erinnern;

und sehe mich auf einmal unter Bibosi-Büschen,
wo ich die Nacht entziffere, tastend: ein Blinder.

Aus dem Spanischen von Juana und Tobias Burghardt

Bajo los bibosis

Soñar un verso de Mallarmé en el trópico. / Ser parte de ese sueño a la luz de la luna. // Desandar la ternura de un cuerpo que fue mío / y volverá a ser mío las veces que ella quiera. // Me queda poco tiempo. Lo siento. Debo irme / a cumplir mi destino de animal melancólico. // El pensamiento duele en estas circunstancias, / aunque sé muchas cosas que me callo y no importa. // Una mujer camina por las calles desiertas / de una ciudad lejana. Reconozco sus pasos. // Nada sé del azar. Tampoco hago preguntas. / Me pongo a recordar, simplemente, su nombre; // y bajo los bibosis vuelvo a verme, de pronto, / descifrando la noche, a tientas, como un ciego.

Antonio Cisneros

Die Seelöwenjagd (Mochica-Keramik)

Auf den ersten Blick würde jemand sagen, daß
diese Krieger der Moche-Kultur
(500 n. Chr. an der Nordküste Perus)
herausgeputzt mit ihren Federhelmen
die Seelöwen wegen des Rituals eines
krankhaften Sports erschlagen, oder einfach
wegen der Haut, etwas Fleisch
und der Fettgewebe. Doch
wenn man in Ruhe
die offenen Mäuler der größeren Seelöwen betrachtet
kann man einige glänzende Perlen sehen
wie Körner von Gold oder Kohle
die die Grenzen des Gefäßes überschwemmen
und auf dem Meer treiben. Nicht auf dem Meer
dargestellt von der Moche-Kultur
vor mehr als 1000 Jahren, sondern dem unfaßbaren
Ursprung des Lebens, stürmisch und blau
wie die Paarung der erwachsenen Seelöwen
auf der Insel des kalten Stroms.

La caza de los lobos de mar
(Ceramio mochica)

A simple vista uno diría que / esos guerreros de la cultura Moche / (500 d. C. en la costa norte del Perú) / ataviados con sus cascos de plumas apalean / a los lobos de mar por el ritual / de un malsano deporte o simplemente / para tomar la piel, algo de carne / y los tejidos grasos. Sin embargo / si uno observa con calma / la boca abierta de los lobos mayores / pueden verse unas cuentas brillantes / como pepas de oro o de carbón / que desbordan los límites del vaso / y flotan sobre el mar. No sobre el mar / representado por la cultura Moche / hace más de 1000 años, sino el inasible / origen de la vida, agitado y azul / como el apareamiento de los lobos adultos / en los islotes de la corriente fría.

Drei Dezimen

1. Die Patin María Rosa, 1870

Für Soledad Cisneros

Die Jungen haben das Gesicht
frisch gewaschen und rasiert. Sie lächeln.
Sie tragen Hüte und leichte Schuhe.
Einer trägt eine Gitarre auf der Schulter
der andere tut so, als ob er eine Violine spiele.
Zwischen den beiden ein junges Mädchen
das sich eine Blume im Haar zurechtrückt
und die Zukunft fürchtet. Ihre traurigen Augen
irren durch eine imaginäre Stadt. Sie fliegen.
Fast keine Zeit mehr bis zum Mittag.

2. Galante Liebesszene

Diese Hunde (Blut- und Fleischerhunde)
jagen den Hasen
in einem Rosenfeld, hinter
dem Pavillon und der Flechtwand
mit Kap-Jasmin.
Ein Stern ohne Glanz
ein Kolibri.
Ein versteckter Blick
wie Staub
unter dem Teppich.

3. Ein Tag auf dem Land

Es gehen die leidenden Seelen
den Weg von Vilcashuamán.
Der eisige Staub
und die Wellen des Rauhreifs
wehen über den gelben und harten
Weiden von Cangallo. Eine Blume
wie ein toter Vogel
durchschneidet die bläuliche Luft.
Ein sehr schneller Vogel
den ich nicht benennen kann.

Gebet

Es ist hart, mein Vater, mit dem Wind zu schreiben,
so schnell bereit zum Fluch wie ich und heiser für den Gesang.
Wie von der Liebe sprechen, von den sanften Hügeln deines
Reiches,
wenn ich lebe wie eine Katze auf einem Pfosten vom Wasser
umgeben.
Wie das Haar Haar nennen
Zahn den Zahn
Schwanz den Schwanz
und nicht die Ratte erwähnen?

Aus dem Spanischen von Carlos Müller

Tres décimas

1. La madrina María Rosa an 1870

para Soledad Cisneros

Los muchachos tienen el rostro / bien limpio y afeitado. Sonríen. / Lucen sombreros y escarpines. / Uno lleva una guitarra sobre el hombro, / el otro simula tocar un violín. / Entre los dos, una muchacha adolescente / se acomoda una flor en el pelo / y teme al futuro. Sus ojos tristes / vagan por alguna ciudad imaginaria. Vuelan. / No falta nada para mediodía.

2. Escena de amor galante

Esos perros (sabuesos o mastines) / acosan a la liebre / en un campo de rosas, detrás / del pabellón y la ramada / con jazmínes del Cabo. / Una estrella sin brillo, / un picaflor. / Una mirada oculta / como polvo / debajo de la alfombra.

3. Un día en el campo

Van las almas en pena / por el camino de Vilcashuamán. / La tolva helada / y las olas de escarcha / ondean en los pastos amarillos / y duros de Cangallo. Una flor / como un pájaro muerto / corta el aire azulino. / Un pájaro veloz / que no puedo nombrar.

Oración

Qué duro es, Padre mío, escribir del lado de los vientos, / tan presto como estoy a maldecir y ronco para el canto. / Cómo hablar del amor, de las colinas blandas de tu Reino, / si habito como un gato en una estaca rodeada por las aguas. / Cómo decirle pelo al pelo / diente al diente / rabo al rabo / y no nombrar la rata.

Santiago Kovadloff

Beim Friseur

Auf die weite Schürze, mit der man mich umhüllt,
fällt langsam immer mehr von meinem Haar:
reichlich weißes Haar,
einiges schwarzes Haar,
viel graues Haar.

Aus dem Ärmel, der mich kleidet,
kommt die Hand, die auf meinem Knie ruht:
eine faltige Hand,
für immer verstritten mit der Anmut
eines anderen Alters.

Ich schließe die Augen und höre die Schere,
ihren ältesten Gesang in meinem Kopf.
Ich öffne die Augen, hebe das Gesicht,
und hinter dem unbeugsamen Antlitz und dem Schnäuzer
sehe ich im Spiegel den zusammengezogenen Mund
eines ängstlichen Kindes,
das mir ganz trocken sagt:
– Laß uns von hier verschwinden.

En la peluquería

Sobre el amplio delantal con que me cubren / va cayendo poco a poco mi cabello: / bastante pelo blanco, / algún cabello negro, / mucho pelo gris. // De la manga que me viste / brota la mano que reposa en mi rodilla: / mano rugosa, / reñida para siempre con la gracia / de otra edad. // Cierro los ojos y escucho una tijera, / su antiquísimo canto en mi cabeza. / Abro los ojos, alzo la frente, / y detrás del rostro adusto y del bigote / veo, en el espejo, la boca crispada / de un niño con miedo / que me dice secamente: / – Vayámonos de aquí.

Mann in der Synagoge

Oft kam ich auf der Suche nach Trost hierher,
als ich eine Frau liebte, die mich nicht wollte.

Und als ich denen, die mir zugehört hatten, nicht mehr zuhörte,
und die verletzte, die mich geliebt hatten,
kam ich hierher auf der Suche nach Vergebung.

Eines Tages zerbrach der letzte Spiegel,
mein Leben wurde eine gestaltlose Last,
und ich kehrte hierher zurück auf der Suche nach Gott.
Gott schwieg wie immer,
und so entdeckte ich die Synagoge:
ihre festen Mauern,
die gütige Stille,
den frischen Frieden dieses Raumes im Sommer,
und ich ging nicht mehr fort.

Draußen drängt die Ungnade zum Glauben
und der Glaube in die Leere.
Hier drinnen ist die Abwesenheit Gottes kaum wichtig.

Hombre en la sinagoga

Solía venir aquí en busca de consuelo / cuando amaba a una mujer que no me quiso. // Y cuando desoí a quienes me oyeron / y herí a quienes me amaron, / vine aquí en busca de perdón. // Un día estalló el último espejo / y mi vida fue un peso sin forma / y aquí volví en busca de Dios. / Dios calló como siempre / y entonces descubrí la sinagoga: / sus sólidas paredes, / el gratísimo silencio, / la fresca paz de este recinto en el verano, / y ya no me fui más. // Afuera la inclemencia empuja a la fe / y la fe al vacío. / Aquí dentro la ausencia de Dios importa poco.

Besuche

Unsere Toten kommen auf einmal zurück.
Ihre unerwartete Rückkunft erfüllt uns mit Schuld.
Warum haben sie uns vergessen? fragen sie scheinbar,
während ihre Augen um Mitleid des Gedenkens flehen.

Uns bedrängen die plötzlich wiederkehrenden Toten.
Wir halten atemlos ihren Blick aus
und bitten insgeheim,
daß jemand die Tür öffnet,
einen Kaffee bringt
und die Toten wieder begräbt.

Aus dem Spanischen von Juana und Tobias Burghardt

Visitas

Nuestros muertos vuelven de repente. / Su retorno inesperado nos llena de culpa. / ¿Por qué nos olvidaron? – parecen preguntar / mientras sus ojos imploran la piedad del recuerdo. // Nos acosan los muertos vueltos de repente. / Sostenemos sin aliento su mirada / pidiendo en secreto / que alguien abra la puerta, / traiga un café, / sepulte otra vez a los muertos.

Rafael Felipe Oteriño

Ein Wort

Una palabra

Para decir piedra, / pez, viento, paloma, / tuve que vivir. / Para nombrar un barco, / para decir estela, / fondo de mar, bahía, / tuve que vivir. / Para virar, / para guiarme por las estrellas, / para seguir un rumbo fijo, / tuve que vivir. / Para señalar el Norte, / para escribir un mensaje: / hermosos días, / hermosas noches, / tuve que vivir. / Para decir caballo: mi caballo. / Todo debió pasar / por mis pies, / por mis manos, / tocarme, golpearme, / penetrar mi piel / como el silencio acoso de una fiera. / Para afirmar: «esto es el aire / y el fuego», «esto lo líquido, / lo sólido» / y que aire, fuego, / líquido, sólido, / desnudaran su / corazón de medusa, / su confundido aroma, / tuve que vivir, más allá de todas las preguntas, / por encima de todas / las tentaciones. / Para decir una palabra, / para decir una sola palabra, / la primera palabra / y la última, / tuve que vivir.

Um Stein zu sagen,
Fisch, Wind, Taube,
mußte ich leben.
Um ein Schiff zu benennen,
um Kielwasser auszusprechen,
Meeresgrund, Bucht,
mußte ich leben.
Um abzudrehen,
mich von Sternen führen zu lassen,
einen vorgegebenen Kurs zu verfolgen,
mußte ich leben.
Um auf den Norden zu weisen,
um eine Mitteilung aufzuschreiben:
wunderbare Tage, wunderbare Nächte,
mußte ich leben.
Um Pferd zu sagen: mein Pferd.
Alles mußte durch meine Füße,
durch meine Hände gehen,
mich berühren, mich schlagen,
in meine Haut eindringen
wie die leise Treibjagd eines wilden Tiers.
Um zu bestätigen: «das ist die Luft
und das Feuer», «das ist das Flüssige,
das Feste»,
und daß Luft, Feuer, Wasser, Erde
ihr Medusenherz entblößten,
ihr verworrenes Aroma,
mußte ich leben,
jenseits aller Fragen,
über alle
Versuchungen hinweg.
Um ein Wort zu sagen,
um ein einziges Wort zu sagen,
das erste Wort
und das letzte,
mußte ich leben.

Miriam Alves

Schlaflos höre ich Stimmen

Erdrückende Hitze
die Gedanken auf Wartestation
wenn ich im Bett der Nacht
jahrhundertealte Schlaflosigkeit wiege.

Ich höre Klänge von Trommeln
Schrecken nähren
meine Füße

Meine Gedanken der Hoffnung
wiegen im Bett der Nacht
die Schmerzen meiner Zeit

Ich höre Stimmen
von menschlichen Heeren
verhalten

Im Bett der Nacht
bewege ich meine Hände
wiege Ängste, erschrecke
ob des Unbekannten

In den Gedanken des Wartens
löse ich meine heisere Stimme:
Kugel aus Blei

In den Gedanken der Hoffnung
erspähe ich matte Blicke
in lauernder Schlaflosigkeit, mit weit aufgerissenen Augen
die Zeit in Aktion zu treten.

Sterne an den Fingern

Eines Tages wird die Zukunft kommen
Sterne an den Fingern
Honig auf den Lippen
        Hoffnungen an den Füßen

Sie wird auf der Woge der Phantasie schweben
die Gassen heruntergleiten
        ohne Angst
        daß ihre Gefühle zertreten werden

Sie wird ohne falsche Papiere
überallhin sich frei bewegen
das einfache Lächeln der Menschen tragen
ihren einzigen Ausweis

Eines Tages wird die Zukunft
alle Wahrheiten verwirklichen
            die sie von jeher erträumt.

Insone ouço vozes

Calor afogueia / os pensamentos de espera. Quando / embalo na cama da noite / insônia de séculos. // Ouço ruídos de tambores / sobressaltos alimentam / meus pés // Nos pensamentos de esperança / embalo na cama da noite / as dores de meu tempo // Ouço vozes / emanadas dos exércitos humanos / contidos. // Na cama da noite / movimento minhas mãos / embalo medos, espantando-me / diante do conhecido // Nos pensamentos de espera / solto minha rouca voz: / bala de chumbo // Nos pensamentos de esperanças / espreito de olhos baços / arregalados na insônia de aguardar / a hora de entrar em ação.

Estrelas no dedo

Um dia o futuro virá / trazendo estrelas no dedo / mel nos lábios / esperanças nos pés // Flutuará no caudal imaginário / descerá as esquinas / sem medo de ter / assaltadas as emoçoes // Sairá sem carteira de falsa identidade / entrará nos lugares todos / portando sorriso simples de pessoa / sua única representação // Um dia o futuro fará / realizar todas verdades / imaginantes.

In den Wolken

Nas nuvens

Vento vela velando
meus sentimentos escondidos

Vento vela sua voz
sussurra sombras solitárias
ávidas, famintas, sedentas

Vento vela viaja
as correntes atadas da fala
faça quebrar-se
soltar-me no quieto da noite

Vento vele sopre
nas nuvens
abra caminhos onde me faço
plena em suas mãos.

Wind wiegt wachsam
meine verborgenen Gefühle

Wind bewacht deine Stimme
flüstert einsame Schatten
gierig, hungrig, durstig

Wind wiegt wogt
die angeketteten Ströme der
Sprache
werden zerspringen
mich freigeben still in der
Nacht

Wind wiege wehe
in den Wolken
öffne die Wege daß ich
erblühe in deinen Händen.

Verwahrlost

Abandonados

Eram meninos
menores
errantes na terra dos homens
Eram meninos menores
agonizantes
sedentos nus
Eram meninos
menores
agora . . . não eram
nenhum

Es waren Kinder
Unmündige
im Land der Menschen
umherirrende Wesen
Es waren unmündige Kinder
ratlos
durstig nackt
Es waren Kinder
Unmündige
nun . . . waren sie
niemand.

Aus dem brasilianischen Portugiesisch von Johannes Augel

Humberto Ak'abal

Xirixitem Chikop (Vogelstimmen)

Klisklis, klisklis, klisklis ...
Ch'ok, ch'ok, ch'ok ...
tz'unun, tz'unun, tz'unun ...
b'uqpurix, b'uqpurix, b'uqpurix ...
Wiswil, wiswil, wiswil ...
Tulul, tulul, tulul ...
K'urupup, k'urupup, k'urupup ...
Chowix, chowix, chowix ...
Tuktuk, tuktuk, tuktuk ...
Xar, xar, xar ...
Tucur, tucur, tucur ...
K'up, k'up, k'up ...
saq'k'or, saq'k'or, saq'k'or ...
Ch'ik, ch'ik, ch'ik ...
Tucumux, tucumux, tucumux ...

Lied der Hirten

Xalolilo, xalolilo,
lelelé, lelelé.

La k'el, la k'el, la k'el
xaaa xaaa xaaa ...

¡La k'el!

Xalolilo,
xaaaloliloo o, xaaaloliloo o,
lelelé, lelelé, lelelé,
xaaa.

Erinnerungen

Na'tasib'al

K'o ku riqa'
kin tz'olq'omij ri nu b'e;
jewawa' kin na'tisaj jun jasach.

Weta xata kolon ri nub'e kinb'ek
kinkwin nek'uri' kinb'ij chawe
jas ri' ri ucholaj ri sachib'al.

Recuerdos

De vez en cuando
camino al revés:
es mi modo de recordar.
Si caminara sólo hacia adelante,
te podría contar
cómo es el olvido.

Manchmal
gehe ich rückwärts:
das ist meine Art des
Erinnerns.

Würde ich immer vorwärts
gehen,
könnte ich dir erzählen,
wie es ist zu vergessen.

Fledermäuse

Ri zotz'

Are jampa ri winaq etak'alik
ri zotz' ech'ikilik;
are jampa ri winaq ech'ikilik
ri zotz' etak'alik.

Ri are' kikeye'j ri q'eq'umal
k'atek'uri' kikil ri ki b'e

Murciélagos

Cuando la aldea está de pie
los murciélagos están de cabeza;
cuando la aldea está de cabeza
los murciélagos están de pie.

Ellos esperan la oscuridad
para ver su camino.

Wenn das Dorf auf den
Beinen ist,
stehen die Fledermäuse kopf;
wenn das Dorf kopfsteht,
sind die Fledermäuse auf den
Beinen.

Sie warten, bis es dunkel ist,
damit sie ihren Weg sehen.

Gottesacker

Camposanto

Camposanto de flores,
flores de muerto,
arcos de ciprés,
ramas de pino,
coronas.

Es día de difuntos.

Te traje atolito con cuchum
– le hablan a la tumba –
se le ofrece en una jícara
y el muerto bebe.

También te traje ayote en dulce,
se lo sirven en una excudilla
y el muerto come.

Tomate un trago
y el muerto toma.

¿Te acordás de este son?
– la marimba riega su llanto –
y el muerto baila.
Tomate otro trago.

La tarde
no soporta más el peso del día
y cae detrás del cerro de Chojoyam.

Los muertos vuelven a su sueño
y los vivos a su desvelo.

Gottesacker aus Blumen,
Totenblumen,
Zypressenalleen,
Föhrenzweigen,
Kränzen.

Es ist Allerheiligen.

Ich habe dir Atolito mit
Cuchum gebracht,
sagen sie zum Grab,
bieten es ihm in einer Schale
an,
und der Tote trinkt.

Ich habe dir auch Kürbis-
kompott gebracht,
sie servieren es ihm in einem
Napf,
und der Tote ißt.

Trink einen Schluck,
und der Tote trinkt.

Erinnerst du dich an dieses
Lied?
Die Marimba begießt ihre
Trauer,
und der Tote tanzt.

Trink noch einen Schluck.

Der Abend
erträgt nicht länger das
Gewicht des Tages
und stürzt hinter den
Chajoyamberg.

Die Toten sinken wieder in
ihren Schlaf
und die Lebenden in ihr
Wachsein.

Kälte

Frío

El frío que quema la tierra:
rex tew
(frío verde)

El frío que quema la yerba:
saq tew
(frío blanco)

El frío que quema la piel:
qeq tew
(frío negro)

El frío de siempre:
tew
(frío)

Die Kälte, die die Erde verbrennt:
rex tew
(grüne Kälte)

Die Kälte, die das Gras verbrennt:
saq tew
(weiße Kälte)

Die Kälte die die Haut verbrennt:
qeq tew
(schwarze Kälte)

Die immerwährende Kälte:
tew
(Kälte)

Der Greis

El anciano

– ¿Qué es ese ruido?
– Un reloj.

– ¿Para qué sirve?
– Para medir el tiempo.

– ¿A quién se le ocurrió
semejante cosa?

El tiempo sólo es.

– Was ist das für ein Lärm?
– Eine Uhr.

– Wozu taugt sie?
– Zum Messen der Zeit.

– Wem ist so was
bloß eingefallen?

Die Zeit ist nur.

Gruß

Saludo

– ¿Qué dice tu corazón?
  – No dice nada.
– ¿Es mudo tu corazón?
  – No, sólo que está contento.

– Was sagt dein Herz?
  – Es sagt nichts.
– Ist dein Herz stumm?
  – Nein, es ist bloß zufrieden.

Aus dem K'iche ins Spanische übersetzt von Humberto Ak'abal
Aus dem Spanischen übersetzt von Erich Hackl

Reina María Rodríguez

schulden

heute möchte ich aufschreiben was mir fehlt
die stunden nicht verschwenden
noch wörter in den abgrund werfen:
in meine tiefen hinabsteigen
allein und nackt.
wie könnte ich meine sterblichkeit belegen
ich bin einfach häßlich
habe sommersprossen träume und schmerzen.
ich habe zwei kinder
das nächste wird im september geboren
ich bin kein gutes geschäft
– sofort werde ich schwanger –
ich bin die nummer 338 123 vom personalausweis
ohne foto – die kinder haben es zerstört –
noch vermerk – weil ich keine vorstrafen habe
weder leichtere noch gröbere –
ich arbeite als radioredakteurin
verdiene 163 kubanische pesos
mit literaturstudium
vielen verstreuten gedichten
und freunden in vier kategorien:
gewöhnliche   gute   sehr schlechte und traurige
habe ein fremdes haus
einen ventilator einen kamm
die balalaika die mir mein bruder mitbrachte
das klavier der kinderkonzerte
eine lupe um die wirklichkeit besser zu sehen
die fotos von Martí und Hemingway
nachdrucke
bücher die man mir noch nicht entwendete
landkarten die die wand erweitern
briefe von früheren liebhabern
eine uhr   einen blauen schmetterling   ein herz
und viele schulden
unendliche schulden an das leben.

III

ich kam zur Plaza de España nur um
die schwarzgekleidete greisin zu sehen die sich behutsam
am brunnen bückt und ihren lahmen Körper im aprilwind
zusammenkauert eine schauspielergeste die alles mitleid
in ihre raschheit bannt, sie kniet sich
sanft hin bevor sie handelt
bevor sie fällt
sie hat dies weiße vogelfutter mitgebracht
und nun fliegen sie schmutzig zu mir zurück
machen mich krank. ich kam zur
Plaza de España nur um
den rest einer geste aufzulesen.

Aus dem Spanischen von Juana und Tobias Burghardt

deudas

hoy quisiera escribir lo que me falta / no gastar las horas / ni echar palabras al abismo: / bajar a mis profundidades / sola y desnuda. / qué pruebas puedo dar de mi mortalidad / soy sencillamente fea / con pecas sueños y dolores. / tengo dos hijos / otro que nacerá el próximo septiembre. / no soy un buen negocio / – enseguida salgo embarazada –. / soy el número 338 123 del carnet de identidad / sin foto – los niños la rompieron – / ni sanción – porque no posee antecedentes penales / mayores ni menores – / trabajo como redactora de programas / un sueldo de 163 pesos / una literatura de carrera / muchos poemas sueltos / y amigos en cuatro categorías: / regulares buenos muy malos y tristes. / una casa ajena / un ventilador un peine / la balalaica que me trajo mi hermano / el piano de los conciertos infantiles / una lupa para ver mejor la realidad / las fotos de Martí y Hemingway / reproducciones / libros que aún no me han robado / mapas ampliando la pared / cartas de antiguos amantes / un reloj una mariposa azul un corazón / y muchas deudas / infinitas deudas con la vida.

III

he venido a la Plaza de España sólo para ver / a la anciana de negro que se agacha cuidadosamente / junto a la fuente y acurrucando su cuerpo entumecido / contra el viento de abril en un gesto de actor que reduce / toda la compasión en su rapidez. doblando / levemente las rodillas antes de actuar / antes de caer / ha traído ese alpiste blanco de los pájaros / que vuelven sucios / morbosamente a mi. he venido a la / Plaza de España sólo para recoger / lo que sobra de un gesto.

William Ospina

Wörter

Wenngleich du alle Wörter kennst,
wirst du sie jungfräulich wiederkehren sehen,
und etwas nie Erträumtes erhellt diesen Zufall.

Eines Tages finden diese Stimmen
einen süßeren oder grausameren Sinn in deinem Gehör.
Du wirst gewahr, wie sie ungeahnte Gärten benennen,
die nachfolgenden Nischen einer prächtigen Grotte,
die neuen und anderen Gewohnheiten deines Körpers.

In den Wörtern gibt es noch etwas, das wir im vorhinein
nicht wissen werden:
die Echos und die Symbole der unfaßbaren Stunde,
in der uns die Erde ruft,
die letzten Handlungen, die letzten Gedanken,
das Hereinbrechen der Engel.

Palabras

Aunque conozcas todas las palabras / las verás volver vírgenes / y algo munca soñado dirá el azar con ellas. // Un sentido más dulce o más atroz, un día / tendrán en tus oídos estas voces. / Escucharás que nombran imprevistos jardínes, / los nichos sucesivos de alguna gruta espléndida, / los nuevos y distintos hábitos de tu cuerpo. // Aún cabe en las palabras algo que no sabremos / previamente, / los ecos y los símbolos de la hora inconcebible / en que la tierra nos reclame, / las últimas acciones, los pensamientos últimos, / la irrupción de los ángeles.

Jorge Luis Borges erwacht, während er an den Tod denkt

Der verblüffende Traum endet noch nicht,
Einmal mehr erleuchtet mich die Dunkelheit,
Ein Schweigsamer beschwört wieder im Halbschatten
Einen Talisman mit seiner Traurigkeit.
Einmal mehr kehrt ins unendliche Haus,
Das unser Kummer kurzweilig bewohnt,
Die Zeit wie ein weißer Vollmond zurück,
Um ihre Drohung anzuhalten.
Welches blinde Wesen, das zweifelt und zittert und glüht,
Kommt durch das brennende Labyrinth?
Ich werde endlich etwas anderes vollbringen,
Aber es wird zu spät sein, um davon zu wissen.
Immer wartend, und wenn es am Ende dann zutrifft,
Kommt niemand, um mir zu sagen, daß ich tot bin.

Aus dem Spanischen von Juana und Tobias Burghardt

Jorge Luis Borges despierta pensando en la muerte

El asombroso sueño aún no cesa, / Una vez más la oscuridad me alumbra, / Y alguien que calla vuelve en la penumbra / A urdir un talismán con su tristeza. / Una vez más en la infinita casa / Que brevemente habita nuestra pena / Vuelve como una blanca luna llena / A suspender el tiempo su amenaza. / ¿Qué ciego ser que duda y tiembla y arde / Viene por el ustorio laberinto? / Realizaré por fin algo distinto, / Pero para saberlo será tarde. / Siempre esperando, y cuando al fin sea cierto, / Nadie vendrá a decirme que estoy muerto.

María Rosa Lojo

Magien

Jeden Morgen bedrängt die Stimme der Bettler und Stummen den Traum. Durch den Spalt singen die Boten eines Königreichs, in dem alles und nichts geschieht. Du wirst mit einer Musik wach, die dir nicht gehört, mit einem Wort, das die Sterne stürzt, einer Beschwörung, die deine Lider aus Stein entzündet.

Bettler

Zwei Bettler haben Schritt für Schritt die Straße erobert, ohne ihre dürftige Apathie einzubringen. Zwei Verweigerer des Willens, zwei wehrlose Herausforderer gegen alles, was irgendwie vorwärts schreitet. Hast du vielleicht auch deine Seele im Tal gelassen – wie ein Tellerchen für Almosen, damit ein Gott ihn noch tiefer macht, mit der ganzen emsigen Armut des Wartens.

Magias

Todos los amaneceres la voz de los mendigos y de los mudos invade el sueño. A través de la grieta cantan los mensajeros del reino donde todo y nada sucede. Despertarás con una música que no te pertenece, una palabra que derriba los astros, un conjuro que incendia tus párpadas de piedra.

Mendigos

Dos mendigos han ganado la calle paso a paso, sin usar de su apatía menesterosa. Dos negadores de la voluntad, dos ofensores inermes de todo lo que avanza modelando y rasgando. Acaso también has dejado tu alma en el llano, como un platillo de limosnas, para que un dios lo ahonde todavía más, con toda la codiciosa pobreza de la espera.

Tanz

Es ist die Frau der blinden Lider, die lacht, der verbrannten Lider, und die ihre Kleidung in der Winterluft erklingen läßt, ihre Haare, flatternde dunkle Tauben beim Treffpunkt und das Murmeln schwarzer Ringelblumen. Es ist die Frau des lilasanften Fleisches mit unergründlicher Taille, deren Bauch ein Spiegel ist, in dem die Liebe sich anschaut, der Schmerz sich anschaut, während sie geheimnisvoll wie der Traum und der Tod tanzt.

Monde

Und du möchtest die Momente
des Traums besingen,
die langsame, fiebrige Atmung
der Schlaflosigkeit
und der verrückten Mondnächte,
gebannt wie dunkle Engel.

Danza

Es la mujer de párpados ciegos, la que ríe, de párpados quemados, y hace sonar sus vestiduras en el aire de invierno, y hace sonar sus cabellos como una reunión de palomas oscuras, como un murmullo de caléndulas negras. Es la mujer de suave carne a lila, de cintura insondable, cuyo vientre es un espejo donde el amor se mira, donde es dolor se mira, mientras ella, secreta como la muerte y como el sueño, danza.

Lunas

Y quisieras cantar los momentos / del sueño, / la lenta respiración fantasmal / de las vigilias / y de las noches locas de luna, / alucinadas como ángels oscuros.

Unterm Licht des Traums

Blaß in der Nacht, im Vordergrund jeden Blicks, Strecken der umgeleiteten Züge: der zersplitterte Spiegel des Monds, der verworrene Spiegel des Nebels, in dem die Menschenschatten spielen, die zurückgehaltenen Schatten der Sehnsucht wie in der Langsamkeit eines ungedrehten Films wandeln. Der Traum eines zunehmenden Niemand auf der Welt: ein Traum der weißen Flamme, wodurch die Nostalgie der Reisenden in den Schlaf gewiegt wird, die das rote Erzittern der Kämpfe lindert und das edle Zeichen des Tags auf den Stirnen erniedrigt.

Der Mond unter der Erde, der Mond einer unsicheren Erde, auf der die Schritte der Krieger versinken, auf der man die Tage des Todes zählt und die winzige Zeit der Liebe. Der Boden oder Himmel der Geburt, Fahrgast, den die gierigen Züge mitnehmen – der Erwählte in der Nacht der Weisheit, der Entblößte in der Nacht der Ignoranz, ohne jeden Norden und Süden, ohne Zuhause und Grenze, blind und nackt unterm Licht des Traums.

Aus dem Spanischen von Juana und Tobias Burghardt

Bajo la luz del sueño

Pálido bajo la noche, en el anverso de toda mirada, carretera de los trenes que se desvían: he ahí el trizado espejo de la luna, el espejo confuso de la niebla donde juegan las sombras humanas, donde corren las sombras de anhelo detenido como en la lentitud de una película suspensa. He ahí el sueño de nadie creciente sobre el mundo: un sueño de llama blanca que adormece la nostalgia de los viajeros, que templa el rojo temblor de luchas y humilla el alto signo del día sobre las frentes

He ahí la luna bajo la tierra, la luna de tierra incierta donde se hunden los pasos de los guerreros, donde se cuentan las jornadas de la muerte y el minucioso tiempo del amor. He ahí el suelo o el cielo del nacimiento, pasajero que arrastran los trenes ávidos – el escogido por la noche de la sabiduría, el despojado por la noche de la ignorancia, vacío de todo Norte todo Sur, de hogar y de fronteras, ciego y desnudo bajo la luz del sueño –.

Ángela García

Fragen

Welches Antlitz füllt deine Gesichtszüge
in jeder Stunde?
Welches Licht
verwandelt sie auf der Netzhaut?
Welcher Schatten?

Was erscheint auf deinem Mundwinkel,
wenn du lachst,
wenn du die Lippen öffnest, ohne es zu wissen,
wenn das Unvorhergesehene
vor dir tänzelt?

Wie kann man dich benennen,
wenn das Fleisch eine himmlische Frucht ist?

Es gibt einen anderen Namen,
abgesehen von deinem Namen,
wenn die Luft ein- und ausströmt
mit dem Gesang?

Und zu wem zeigt dieser Schleier,
den die Liebe anreißt?

Ein schwindeliges Antlitz der Leere,
ein zappeliges Gesicht,

namenlos,

vom Hopfen der inneren
Stille
und zugleich unbekannt

Hunger

Ich ertaste das Unerreichbare
was mein Tastsinn meidet
die verwundete Pupille
für die Ewigkeit des Lichtstrahls

Gerte des Liebgewonnenen
Abgrund der vereinigten Körper
lauernde Erfüllung des Todes
die eroberte Wahrheit wird Dunst

Hunger nach dem was geht
was noch nicht ankommt

Unendliche Sinnlichkeit des Lebens
Diese Wunde.

Preguntas

¿Qué rostro colma tus facciones / cada hora? / ¿Qué luz / en la retina, las transforma? / ¿Qué sombra? // ¿Quién se asoma por la comisura / cuando ríes, / cuando abres los labios sin saberlo, / cuando lo inesperado / delante de tí bailotea? // Cuando la carne es pulpa de cielo / ¿Cómo nombrate? // ¿Hay otro nombre / fuera de tu nombre / cuando entra y sale / el aire con el canto? // Y ese velo que el amor rasga / ¿A quién muestra? // Semblante de vértigo y vacío / rostro de azogue // Sin nombre // Del lúpulo del silencio / íntimo / y a la vez desconocido

Hambre

Tanteo lo inalcanzable / que mi tacto evade / la pupila herida / por la eternidad del rayo // Látigo de lo amado / Abismo en los cuerpos ayuntados / plenitud avizora de la muerte / verdad que conquistada es bruma // Hambre de lo que se va / de lo que aún no llega // Sensualidad infinita de la vida / Esa herida.

Die Apokalypse wird gestrickt
zwischen ruhigen Tagen und Stürmen

Es fällt
– nur für manche sichtbar –
ein Sternenregen

Schichten von Blut und Kräutern
Samen, Speichel, Flügelreste,
Fleisch, Libellenkristall
und Träume
machen die Erdoberfläche
samten

Und ein einziger großer Wunsch
von Mann oder Frau
erfüllt sich

Se teje el apocalipsis / entre días quietos y tormentas // Desciende / – sólo para algunos visible – / una lluvia de estrellas // Capas de sangre y yerba / semen, saliva, trozos de alas, / carne, cristal de libélula / y sueños / consiguen de terciopelo / la superficie de la tierra // Y un solo gran deseo / de hombre o mujer / se cumple

Der vollendetste menschliche Laut
ist das Wort.

Han Yu

Verborgener Ort der Stille,
deine Ewigkeit erfüllt mich mit Schrecken,
alle Macht stellst du auf die Probe,
du existierst, aber bist völlig unbekannt,
du bist und paßt nicht mal
in einen winzigsten Winkel
des menschlichen Erinnerns!

Aus dem Spanischen von Juana und Tobias Burghardt

El más perfecto de los sonidos humanos / es la palabra
Han Yu

¡Oh recóndito lugar del silencio / tu eternidad me llena de espanto / pones a prueba toda potencia / existes, pero eres lo absoluto desconocido / eres y no cabes siquiera / en una diminuta partícula / de memoria humana!

Rolando Sánchez Mejías

Friedhof der Provinz

Es ist ein Ort mit weißen Steinen, der Natur scheinbar feindlich gesinnt.

In der Mitte gibt es einen beschnittenen Baum. Irgendwann wurden die Äste gestutzt, der Regen und der Wind besorgten den Rest, und die Rinde versteinerte glänzend.

Es ist ein Baum, der auf seinem Weg zum Himmel aufgehalten wurde, eingeschlossen in seinem Holz, in Gedanken versunken.

Im Gegensatz zu den Friedhöfen der Hauptstädte oder der lebhafteren Dörfer scheint dieser Friedhof der Provinz keine Toten zu beherbergen, sondern vergrabenen Humus.

Es ist schwierig, das tiefe Verhältnis zwischen dem Dorf und seinem Friedhof zu begreifen.

Es befindet sich nicht in den Blumen, in den leeren Vasen, in den stillen und leicht betrübten Familienangehörigen, in den erschlossenen Tretpfaden bei der Grabpflege.

Vielleicht handelt es sich um das Verhalten der Lebenden, die sich in der Schläfrigkeit der Nachmittage in ihre Häuser zurückziehen und das Dorf ohne Regung lassen.

Cementerio de provincia

Es un espacio de piedras blancas que parece ser adverso a la naturaleza. / En el centro hay un árbol seccionado. Alguna vez le cortaron las ramas, la lluvia y el viento hicieron el resto y la corteza se petrificó lustrosa. / Es un árbol detenido en su camino al cielo, encerrado en su madera, absorto. / A diferencia de los cementerios de las capitales o de pueblos más enérgicos, éste no parece contener muertos, sino humus soterrado. / Es difícil captar la profunda relación entre el pueblo y su cementerio. / No está en las flores, en los vasos evaporados, en los familiares serenos y ligeramente contritos, en los caminos abiertos por los pasos de trasiego. / Tal vez se trate de la conducta de los vivos, que en el sopor de las tardes se repliegan en sus casas, dejando el pueblo inamovible.

Male

Einige Verbannte sind wiedergekommen, taumelnd, in alten Kleidern, mit unnützen Augen beim tierischen Zwangslachen.

In den Dörfern spielen sie mit Metallstücken und stammeln verworrene Parolen vor sich hin, während sie den scheußlichen Räumen nachtrauern, die sie kennengelernt haben.

Nachtstück

(für Ponte)

Auf den Straßen dieser Kleinstadt kommt man vorwärts und hat die Gewißheit, daß man in kurzen Abschnitten altert.

Es sind breite, hohe Häuser, die von einer gemeinsamen Fassade eingerahmt sind und eine Festigkeit aufweisen, die dem schwarzen Himmel ähnelt, den sie andeuten.

So schreitet man geradezu gleichmäßig in den Tod: von Tod zu Tod, mit der Trostlosigkeit, die diese neue Erkenntnis mit einschließt.

Marcas

Han vuelto algunos desterrados, dando tumbos, la ropa raída, los ojos inservibles en un rictus animal. / En las aldeas juegan con metales y balbucean emblemas confusos, añorando los espacios abominables que conocieron.

Nocturno *(a Ponte)*

En las calles de este pueblo uno avanza y tiene la certeza de que envejece en tramos cortos. / Son casas anchas, verticales y abrazadas en una fachada común, con una consistencia semejante al cielo negro que insinúan. / A su paso, se avanza en proporción directa a la muerte: de muerte en muerte, con el desasosiego que implica este nuevo conocimiento.

In blinder Anmut, dicht am Boden

Mit den Jahren kommt man dazu, an solche Sätze zu glauben: «Das Geheimnis liegt in der Spur des nackten Fußes, in der Farbe der Stadt um 6 Uhr nachmittags, in der Wange einer Frau, die vor dem Spiegel ihr Altern bedenkt.»

Man sagt diese Dinge, nachdem man in blinder Anmut, dicht am Boden, die gelassene Geistesgegenwart einer Ratte erlangt hat.

Fabel

Der Tote ist unecht, er ist aus Pappe. Wenn der Fuchs ihn umdreht (jener Fuchs, der auf die tragische Maske im Wald stieß und sich beim Umdrehen sagte: «Was für ein großes Gesicht, wenn man bedenkt, daß es kein Gehirn hat»), ach, wenn der Fuchs ihn umdreht, zwei, drei Male, und sich der Theaterrequisite versichert, so spräche er: «Was für ein großer Toter, wenn man bedenkt, daß er kein Leben hat.»

Aus dem Spanischen von Juana und Tobias Burghardt

En una ciega tersura a ras del suelo

Con los años, se llega a creer en palabras así: «El secreto está en la huella del pie descalzo, en el color de la ciudad a las 6 de la tarde, en la mejilla de una mujer que piensa su vejez frente al espejo.» / Se dicen estas cosas luego de haber conseguido, en una ciega tersura a ras del suelo, la serenidad de una rata.

Fábula

El muerto es falso, es de cartón. Si el zorro lo voltea (aquel zorro que dio con la máscara trágica en el bosque y se dijo al voltearla: «Qué rostro tan grande para no tener cerebro»), ah, si el zorro lo voltea, dos, tres veces, asegurándose de la sustancia de teatro, diría: «Qué muerto tan grande para no tener vida.»

Ana Istarú

Im Grunde

Im unklaren und vergessenen Grunde
meiner selbst
weiß ich seltsamerweise,
daß ich nackt bin
auf einem schwitzenden Fohlen
und Hügel und Horizonte verkürze
zwischen den Hufen,
ich zerteile die Luft
mit peitschendem Haar,
und meine beiden Hände
haben sich in der Mähne verloren.

Und im senkrechten Grunde
des Grundes meiner selbst
weiß ich, daß ich ein wütender und starker
Moosstreich bin,
golden vom Staub der Sonnenuntergänge.

En el fondo

En el fondo confuso y olvidado / de mí misma, / extrañamente sé / que voy desnuda / sobre un potro sudoroso / acortando cerros y hirozontes / entre los cascos, / partiendo el aire / a latigazos de cabello, / y que mis dos manos / se han confundido con la crin. // Y en el fondo vertical / del fondo de mí misma / sé que soy un golpe de musgo / rabioso y fuerte, / dorado por el polvo de los ocasos.

Die Jahreszeit des Fiebers

XII

Ich bin der Tag.
Meine linke Brust der Sonnenaufgang.
Meine andere Brust ist die Dämmerung.

Die Nacht bin ich.
Mein Venushügel trank im Schatten
schwarze Weinberge, Pfirsiche,

den Sturm.
Die heftige Windrose,
fleischfarbene Seide in meinem Ovarium.

XIV

Meine vom Sandelholz übertragenen Brustwarzen
sind Märzen im Fieber,
Liebesrituale der Libellen.
Löwen, Pupillen, Schwammpilze,
Mundstückaufsätze und Planetenbahnen des Sommers:
zwei Punkte der orthographischen Zärtlichkeit.

Küsse aus der Schulterperspektive.

Aus dem Spanischen von Juana und Tobias Burghardt

La estación de fiebre

XII

Yo soy el día. / Mi pecho izquierdo la aurora. / Mi otro pecho es el ocaso. // La noche soy. / Mi pubis bebió en la sombra / negros viñedos, duraznos, // la tempestad. / La rosa recia del viento, / seda encarnada en mi ovario.

XIV

Mis pezones vertidos desde el sándalo / son marzos enfebrecidos, / amatorios ritos de libélulas. / Leones, pupilas, setas, / barriletes y órbitas del verano: / dos puntos de ortográfica ternura. // Besos vistos de espalda.

Luis Ignacio Helguera

Der Eßtisch

Das Joch und der Stolz meiner Umzüge
ist das einzige kaiserliche Stück, das ich besitze,
dieser Eßtisch meines Großvaters,
an dem ich ihn als Vierjähriger zeichnete,
als er mit meinem Vater
Geschäftliches besprach.

Dieser Eßtisch,
an dem die ganze Familie
Speisen und Sätze, süße und salzige,
weiterreichte, zieht mit mir
wie ein fliegender Teppich
durch die Zeit und von Haus zu Haus.

Ich fliege mit dem Eßtisch,
berühre zur Landung sein Holz,
während sich meine Tochter unter dem Tisch versteckt
wie hinter einem Baum,
so wie ich als Kind,
und nun die festen Tischbeine
dem Wald der weitläufigen Stammbäume zurückgibt.

Wir stießen an den Tisch, zerkratzten ihn,
verschütteten heißen Kaffee,
und meine Großmutter, meine Mutter, meine Frau
salbten seine Wunden mit rotem Öl.
Ich denke, daß nach alledem
dies allein übrigbleibt:
unsere Schmerzen, unsere Narben
vom Eßtisch.

Grüner Innenhof

Für meine Eltern

Halblaut, kaum vernehmbar, beim alten Durchgang, einsam, ein helldunkler Wink, ein vergangenes Lied einer Frau, die hörbar Wäsche wäscht, ein Rechen, der jeden Nachmittag durch die Blätter des Familienalbums in den Innenhof der Erinnerung wiederkehrt, Hausfreundin mit eigenem Flurschlüssel, taube, verschwiegene Greisin, feines Lichtrascheln, das sich mit Schatten herumschlägt, leise Musik, die Jahre, Jahrhunderte besänftigt, im Brunnen der Orangen und Stunden.

Halblaut, im Zwielicht, im Halbschatten, ein geheimes Zwiegespräch mit dem Balkon, dem Efeu, den Schritten der Leute, die schon verstorben sind und noch immer auf der Treppe außer Atem kommen, ein brüchiges Gemurmel des Eßtischs, der Familienfotos, die vergeblich gut an der Wand hängen, der verlorenen Tage, des menschenscheuen Gartens, des versteckten Orangenbaums, des kaum sichtbaren Mauerwinkels. Die Pflanzen, die Blumen, die Töpfe und Schalen führen die Chronik der verklingenden Elegie, ein verspäteter Vogel, der kurz nach Luft schnappt und sich niedersetzt am Brunnen, Stimme des Innenhofs, und den grünen Augenblick der Dinge trinkt.

Bestiarium

Der Frosch

Der Frosch ist Stein und Steinwurf.

Kuhschwanz

Er ist der gemessene Dirigentenstab
vom Orchester der summenden Fliegen.

Die Motte

Beharrlich besteht sie darauf, den Schriftstellern zu zeigen,
daß es noch Wege gibt, von den Büchern zu leben.

Aus dem Spanischen von Juana und Tobias Burghardt

Comedor

Azote y orgullo de mis mudanzas / lo único imperial que tengo / este comedor de mi abuelo / en que lo retraté a mis cuatro años / mientras discutían de negocios / mi padre y él // Este comedor / en que se pasaba la familia / platos y frases dulces y saladas / alfombra voladora / cambia conmigo de tiempo y casa // Vuelo con el comedor / toco su madera para aterrizar / mientras mi hija se esconde bajo las mesa / como tras un árbol / como yo de niño / devolviendo las gruesas patas al bosque / de genealogías difusas // Nos dimos de topes con la mesa la rayamos / le vertimos cafés calientes / y mi abuela y mi madre y mi mujer / le untaron aceite rojo en las heridas / Cuando después de todo pienso / sólo eso va quedando / nuestros dolores nuestras cicatrices / en la mesa del comedor.

Patio verde

A mis padres

A media voz, casi apenas, por el corredor antiguo, solitario, una insinuación claroscura, canto pretérito de mujer que lava ropa al oído, rastrillo que regresa cada tarde por las hojas del álbum del árbol al patio de la memoria, amiga de la casa con llave propia del zaguán, sorda anciana sigilosa, tenue susurro de luz debatiéndose entre sombras, melodía silenciosa que arrulla años, siglos, en el pozo de las naranjas y las horas. / A media voz, media luz, media sombra, diálogo secreto con el balcón, la hiedra, los pasos de gente ya desaparecida fatigándose todavía en la escalera, murmullos cascados del comedor familiar, retratos inútilmente bien colgados en la pared, los días perdidos, el huerto huraño, el naranjo escondido, el rincón menos visto del muro. Llevan la cuenta las plantas, las flores, las macetas, de la elegía agónica que, como pájaro retrasado, respira fugaz del aire y se inclina a beber de la fuente – voz del patio – el instante verde de las cosas.

Bestiario

El sapo

El sapo es piedra y pedrada.

Cola de vaca

Es la batuta acompasada / de la orquesta de moscas zumbadoras.

La polilla

Empeñada en demostrar a los escritores / que hay manera todavía de vivir de los libros.

Roberto Juarroz

Essay

Roberto Juarroz

Poesie und Wirklichkeit

Ein Raum
kann einen anderen nicht auslöschen,
aber ihn beiseite drängen.
Auch die Räume nehmen einen Platz ein,
in einer anderen Dimension, die mehr ist als Raum.

Es gibt Räume mit einer einzigen Stimme,
Räume mit vielen Stimmen
und selbst mit gar keiner,
aber jeder Raum ist für sich
und einzigartiger als das, was er beinhaltet.

Wenngleich sich jeder Raum
am Ende mit jedem Raum vermischt.
Wenngleich jeder Raum
ein unmögliches Spiel ist,
weil nichts einen Raum hat.

Der Raum der Poesie und der Raum der Wirklichkeit, die ich in Beziehung zueinander setzen möchte, sind einander auch nicht paßgerecht. Wie auch beide nicht, weniger noch einer der beiden, in den bescheidenen Raum dieser Worte hineinpassen. Zweifelsohne ist die Poesie ein visionärer und gewagter Versuch des Zugangs in einen Raum, der die Menschen in Angst und Schrecken versetzt hat und für schlaflose Nächte sorgte: der Raum des Unmöglichen, der manchmal auch der Raum des Unsagbaren zu sein scheint.

Als Dichter habe ich diesen Raum intensivst gesucht. Ich versuche deshalb, Ihnen von dieser Suche oder Obsession oder Pilgerschaft meines Schicksals durch die Sprache zu berichten, indem ich zwei Fragen, die für mich zu den wesentlichen Fragen des Menschen gehören, in eine zusammenfasse: *die Frage nach der Wirklichkeit* (Was ist das Wirkliche? Was ist Sein? Was unterscheidet es vom Nichtsein? Wer oder was sind wir? Wer oder was sind wir nicht?) *und nach der Poesie* (Gibt es irgendeine Art, etwas auszudrücken? Wie kann das Wirkliche ausgedrückt werden? Und das Unwirkliche? Welche Wirklichkeit hat das Wort?).

Für diesen Versuch, der mit an Sicherheit grenzender Wahrscheinlichkeit zum Scheitern verurteilt ist, werde ich zwei sich ergänzende Richtungen oder Wege verfolgen: einerseits die assoziative Betrachtung über die Poesie und die Wirklichkeit sowie andererseits einige Gedichte, in denen ich über beides zu sprechen versuche. Mich beflügelt zuerst eine unterscheidende Qualität und bisweilen notwendige Tätigkeit vieler moderner Dichter: Über das «Handwerk», wie es Pavese bezeichnet, nachzudenken, das eigentlich gar kein Handwerk ist, sondern eine Art «Anti-Handwerk». Oder vielleicht eine Art Werk oder Wirken, das ein fast liturgisches Tun oder Handeln ist: vor dem Abgrund zu sprechen, in dem wir uns befinden, mit dem Abgrund, der wir sind, anders vor dem, der wir selbst sind, vor den anderen, vor allem, vor nichts und niemandem zu sprechen. Wenn ich auf meine eigenen Gedichte zurückgreife, ermutigt mich zudem die Tatsache, daß dasjenige, was der Dichter sagen kann, sich vor allem immer in seiner Poesie befindet. Mich bestärkt außerdem der eindringliche Anfang eines bekannten Textes von Wallace Stevens: «Die Poesie ist der Gegenstand des Gedichts. / Aus ihr entsteht das Gedicht und / zu ihr kehrt es zurück» (Poetry is the subject of the poem. / From this the poem issues and / To this returns). Ich werde also Betrachtungen und Gedichte abwechselnd vorbringen, als ob es die beiden Gesichter eines gewissermaßen poetischen Januskopfes wären: das Denken und die Imagination, die Ausdeutung und das Symbol, die Idee und das Erzittern, das Eindeutige und das Vielfältige, Erkenntnis und Schöpfung. Formen, die allesamt eins sein sollten, wie der Geist ein einziger ist, obwohl er weht, wie und wo er will. Und ich werde unter diesem Aspekt auch einige treffende Zitate oder Fragmente über die Poesie sowie einige Parabeln oder mehr oder weniger paradoxe Geschichten anführen.

Ich möchte nun eine einzigartige Überlieferung aus der chassidischen Tradition vorstellen, die natürlich jedwede zufällige Interpretation oder ausgesprochen doktrinäre Konnotation ausschließt: «Wenn der große Rabbi Israel Baal Shem-Tov vermutete, daß dem jüdischen Volk ein Unglück blühte, ging er gewöhnlich an einen bestimmten Platz im Walde, um reinen Geistes in sich zu gehen. Dort entfachte er ein Feuer und sprach ganz bestimmte Gebete. Und das Wunder ereignete sich, das Unglück war abgewendet. Später, als sein Schüler, der berühmte Maguid de Mezeritsch den Himmel aus ähnlichen Gründen anzuflehen hatte, fand er sich am selben Ort des Waldes ein und sagte: «Herr des Universums, leihe mir dein Gehör. Ich weiß nicht, wie man das Feuer entfacht, aber ich bin noch imstande, das Gebet zu sprechen.» Und das Wunder ereignete sich. Viel später ging der Rabbi Moshe Leib de Sassov zur Rettung seines Volkes in den Wald und sagte: «Ich weiß nicht, wie man das Feuer entzündet, ich kenne das Gebet nicht, aber ich kann mich an der glückbringenden Stelle einfinden. Und das sollte genügen.» Und es genügte, auch damals ereignete sich das Wunder. Danach war dem Rabbi Israel de Rizsin aufgetan, die Gefahr abzuwenden. Er saß auf seinem Sessel und legte seinen Kopf in die Hände und sprach so zu Gott: «Ich bin unfähig, das Feuer zu entfachen, ich kenne das Gebet nicht und kann die Stelle im Wald nicht finden. Alles, was ich tun kann, ist, dir diese Geschichte zu erzählen. Das sollte ausreichen.» Und es reichte aus. Gott erschuf die Menschen, weil ihm die Geschichten gefallen.»

Ob man von Gott spricht oder nicht, die Wirklichkeit hat den Menschen erschaffen, weil irgend etwas in ihr, in ihrem Grund, auf geheimnisvolle Weise nach Geschichten verlangt. Oder anders gesagt: scheinbar gibt es in der Tiefe des Wirklichen eine Notwendigkeit nach Erzählung, Illumination, Vision und selbst vielleicht nach einer sinnvollen oder sinnlosen Begründung, die die Menschen hervorbringen müssen. Es handelt sich nicht um die gewöhnliche Geschichte, die Historie der Geschichtsschreibung, die mit Verbrechen und Verirrungen übersät ist, sondern um diese geheime Verbindung der Fäden oder Ideen bei tiefgreifenden Ereignissen, die die wahre Geschichte der Menschheit ausmacht, und womöglich um etwas mehr. Ich habe immer gedacht, daß die Poesie die herausragendste Manifestation dieser verborgenen Geschichte der Menschen und der unbeschreibliche Knotenpunkt mit der Wirklichkeit ist, die sich darin offenbart, jenseits der einfachen und tumben linearen Zeitläufte, jenseits der Formeln und Systeme, die die Erkenntnis, das Gebet, den Blick, die Geste, den Ort, die Liebe, den Wald und selbst das Feuer klassifizieren. Ich glaube außerdem, daß die Wirklichkeit und die Poesie, so wie sie sich dem Menschen geben, nach einer stufenweisen Selbstlosigkeit verlangen, einer fortschreitenden Entblößung, einer wachsenden Nacktheit, wie in der chassidischen Parabel, bis wir uns dem Wesenskern dessen nähern, was vorhanden ist oder existiert oder da ist oder uns so scheint, als ob es sei.

Der Mensch existierte, weil jemandem oder irgendeinem Gegenstand die Geschichten gefallen. Aber nicht irgendeine Geschichte und schon gar nicht «die Geschichte». Deshalb stellt sich die Poesie, die als harmonischer Klang des Wirklichen eine tiefe Geschichte ist, eine andere Geschichte, auch fast immer gegen die oberflächliche Historie und verwandelt sich in «Ahistorie». Octavio Paz hat eben dies ausformuliert: «Ein Gedicht ist ein Gegenstand, der aus der Sprache, den Rhythmen, den Anschauungen und den Obsessionen dieses oder jenes Dichters und dieser oder jener Gesellschaft gemacht ist. Es ist das Erzeugnis einer geschichtlichen Zeit und einer Gesellschaft, aber seine Geschichtlichkeit ist widersprüchlich. Das Gedicht ist ein Kunstgriff, der auch, ohne daß der Dichter das will, Anti-Geschichte erzeugt. Das dichterische Verfahren besteht in einer Umkehrung und Umwandlung des Zeitflusses; das Gedicht hält die Zeit nicht an: es widerspricht ihr und verwandelt sie.»

Vom Grund des Traums,
wie eine erleuchtete Faust,
die die einsame Kreatur ausstreckt, die schläft,
entsteht der unbezwingliche Wille,
die Erzählung fortzuführen.

Es geht nicht darum, dieses oder jenes zu erzählen,
auch nicht darum, zu kopieren oder zu übersetzen
oder das eingepferchte Wachen herauszulocken.
Es handelt sich um einen viel stärkeren Pulsschlag,
der außerdem nicht unterbrochen werden kann:
die einfache Fortsetzung der Erzählung.

Die Erzählung, die nicht begann noch enden wird,
die Erzählung, die keine Gattung ist
und keine Ränke schmiedet.
Bilder, die wie ein Fluß fließen,
sich ballen und spreizen,
seltsame Form des Sprechens und Widersprechens
hinter oder vor den Dingen.

Der Wille zur Fortführung des Erzählens,
lose Energie im Hier aller Orte,
das nicht unterscheidet zwischen den Leben und den Toden,
zwischen Menschsein oder einer anderen Sache.

Es ist die Geschichte, die vom Grund her verläuft,
die geschichtslose und geschichtsträchtige Geschichte,
die in einem Strauß ohne Schleife
das Aroma des Seins bindet
und den Wohlgeruch des Nichts.

Der Dienst, der vom Menschen erbeten wird,
ist nicht mehr als die Fortsetzung der Erzählung
mit irgendeinem Argument.

Oder auch ohne.

An dieser Stelle möchte ich an eine zen-buddhistische «Situation» oder Parabel oder einen «Kôan» erinnern, mit dem ich vor einiger Zeit ein Buch über das poetische Schaffen begann. Da heißt es: «Ich habe mein ganzes Leben lang Zen erklärt», erzählte Bashô, «und dennoch habe ich Zen nie verstanden.» Da erwiderte man ihm: «Aber wie kannst du etwas erklären, das du selbst nicht verstehst?» «Oh», rief Bashô: «Muß ich dir das auch noch erklären?»

Über die Poesie und gar von der Poesie selbst zu sprechen bedeutet ebenfalls, über etwas zu sprechen, das man nicht versteht. Es ist nicht möglich, die Poesie zu definieren, wie es auch nicht möglich ist, die Wirklichkeit zu definieren. Geschieht dies womöglich auch mit der Definition des Lebens, der Liebe, des Todes, der Musik, des Schmerzes, des Traums? Ist es überhaupt möglich, irgend etwas zu erklären? Oder handelt es sich vielmehr um eine kleine Annäherung an das Unerreichbare, nicht mehr als um den Traum einer Formulierung des Unfaßbaren? Bashô war nicht nur Zen-Meister, sondern auch einer der größten Dichter seiner Zeit. Es verstand Zen nicht, er verstand auch nicht die Poesie, aber er lebte sie, er erfuhr und erlebte sie, er schuf sie. Git es eine andere Art der Erkenntnis? Gibt es eine andere Art, ins Wirkliche hineinzukommen? Eine Utopie der Definitionen, ebenso wie die uralten Spiegelungen der Namen, diese festen Bezeichnungen, die die Identität der Dinge wegzaubern. Die Poesie ist Schöpfung durch das Wort. Und meiner Ansicht nach ist die Poesie die höchste Form des Schöpferischen, die der Mensch besitzt. Nein, natürlich nicht aus dem Nichts, sondern aus sich selbst heraus, aus seiner eigenen Verwandlung in etwas anderes, aus der eigenen Erfindung oder Invention durch die unaufhörliche Invention oder Erfindung, die Sprache heißt. Der Dichter erschafft das Gedicht und erschafft sich selbst von neuem im Gedicht.

Deshalb erlaubt das Gedicht letzten Endes keine Erklärung oder gleichzeitigen Diskurse. Novalis unterstrich: «Kritik der Poesie ist ein Unding.» So schrieb ich einmal folgenden Satz: «Die einzige Form, eine Schöpfung aufzunehmen, ist ihre Neuschöpfung. Vielleicht, sich mit ihr zu erschaffen.» Und ich denke darüber hinaus, daß die einzige Form, die Wirklichkeit wiederzuerkennen, wahrzunehmen, aufzunehmen, Wirklichkeit zu sein, darin besteht, sie und sich zu erschaffen, sich mit ihr wiederzuerschaffen. Die Poesie und die Wirklichkeit erscheinen somit als die intimste Wesensverwandtschaft, die es im Menschsein gibt. Vor fast zwanzig Jahren schrieb ich: «Ich lebe die Poesie wie eine Explosion des Seins unterhalb der Sprache.»

Und ich komme noch an anderer Stelle auf die Frage nach dem Sein und nach der Wirklichkeit zurück, die im Mittelpunkt des Lebens aller Menschen steht, offenkundig bei einigen, wortkarg oder unterdrückt bei den meisten. Aber ich möchte neben diese Frage, die sich im Mittelpunkt aller Kunst, aller Philosophie, aller Religion befindet, eine weitere, ergänzende Frage stellen. *Was ist Metaphysik?* «Warum gibt es etwas und doch auch nichts?»

In dieser Beziehung zwischen Poesie und Wirklichkeit bedeutet die erste Bedingung jeder wertvollen Poesie einen Bruch: *die Stufenleiter des Wirklichen zu erschließen*. Die konventionellen und krampfhaften Teile der alltäglichen Automatismen zu zerbrechen, sich in das unendliche Wirkliche einzufinden, oder besser noch: in das «grenzenlose Endliche», wie es einige Wissenschaftler versuchen. Dieses Unendliche durch eine unvermeidliche Veränderung des Lebens und der Sprache aufzunehmen, das bei jedem Ding beginnt und gleichzeitig damit aufhört, eine anachronistische Dekoration zu sein, eine mittelalterliche Anrufung, eine mathematische Gleichung oder eine flüchtige und nebulöse Bezugnahme, die die Mehrheit zu vergessen versucht, als wäre es ein schlechter Einfall. Das beinhaltet, sich daran zu erinnern, daß unter anderem nach Paul Klee das Sichtbare allein ein Beispiel des Wirklichen ist und nach William Blake die Dinge, wenn man die Türen der Wahrnehmung reinigen würde, so erscheinen, wie sie sind, d. h. unendlich. Das setzt auch voraus, daß es nicht mehr möglich ist, sich auf einen Ort, ein Land, eine Sprache, ein Leben, eine Epoche, eine Literatur zu beschränken. Jede Literatur ist vergleichende Literatur. Jedes Denken ist vergleichendes Denken. Es gibt keinen Ausweg: die Poesie erschließt die Skala des Wirklichen (Raum, Zeit, Geist, Sein, Nichtsein) und verändert das Leben, die Sprache, die Sicht oder Welterfahrung, die Möglichkeit jedes einzelnen, seine schöpferische Fähigkeit. Und in diesem Prozeß, der keine Milde zuläßt, bei dem der normale, abgestumpfte und bisweilen verkommene Gebrauch des Wortes zerstört wird, bei dem die befreiende und unumgängliche Überschreitung der Sprache aufgenommen wird, um weiter zu gehen im Ausdruck des Wirklichen und des Menschlichen. Bei der Suche nach der «Tiefe der Form» (Hebbel), die nicht zu trennen ist von der Tiefe des Sinns, *schöpft* die Poesie *mehr Wirklichkeit*, fügt Wirklichkeit zur Wirklichkeit hinzu, ist Wirklichkeit. Und das Gedicht, das demnach wie eine Ordnung oder offene Struktur aufkommt, die bewußt unfertig ist, weil sie sich im Leser, Empfänger oder Zuhörer vervollständigen soll, setzt sich offensichtlich als eine *Anwesenheit* durch. Und das Gedicht als Anwesenheit geht weit über die Feststellungen und Erklärungen hinaus, um – jenseits der Logik und keinesfalls diskursiv – diese Wirksamkeit zu gestalten, die eben die Poesie ist. Und diese Anwesenheit, die das Gedicht ist, bricht außerdem die Einsamkeit des Menschen, dient ihm als wesentliche Begleitung und hilft ihm, das finstere Spiel der Fragen und der Antworten zu ergründen. Wegen alledem *ist die Poesie der größtmögliche Realismus*, wenngleich die Blauäugigen, Ignoranten und Hochmütigen sie für eine Abstraktion, Ausflucht oder unterstützende Anwandlung der politischen oder ideologischen Vorherrschaft halten.

Ja, die Poesie ist der größtmögliche Realismus. Und sie springt sogar über die Namen der Dinge, um sie anders zu nennen, ohne den Betrug und die Willkür des Etiketts. Sie befreit vom Namen, wie es Roger Munier und Laura Cerrato bezeichnet haben, um über die festgelegte Bezeichnung hinwegzugehen, die sie lähmt oder versteinert, mehr als der Blick der Meduse, und erlangt diesen übertragenen Namen oder Meta-Namen, der das Sein zurückgewinnt. Das geschieht durch das unerwartete Bild, die Metapher, die «correspondances» von Baudelaire, die überlogischen Wendungen des Ausdrucks, durch das «donner à voir» von Eluard, «die gedankenlose Quelle des Gedankens», durch die Andeutung oder den nachdrücklichen Zwischenfall des Rhythmus, den Jakobsen unterstreicht, durch diesen geheimnisvollen Halt der Harmonie, die letzten Endes zu einer Art unentzifferbarer Musik des Sinns führt und durch die umgestaltete Sprache einen neuen Blick weckt: einen Blick, der mit Wörtern sieht.

Die Welt zu enttaufen,
den Namen der Dinge opfern,
um ihre Anwesenheit zu gewinnen.

Die Welt ist ein nackter Ruf,
eine Stimme und nicht ein Name,
eine Stimme mit ihrem eigenen Echo auf dem Rücken.

Und das Wort des Menschen ist ein Teil dieser Stimme,
kein Fingerzeig,
keine Aufschrift im Archiv,
keine Seitenansicht des Wörterbuchs,
kein hörbarer Personalausweis,
kein Kennwimpel
der Topographie des Abgrunds.

Der Dienst des Wortes
jenseits der kleinen Armut
und der kleinen Zärtlichkeit, dieses oder jenes zu bezeichnen,
ist ein Liebesakt: Anwesenheit zu schöpfen.

Der Dienst des Wortes
ist die Möglichkeit, daß die Welt zur Welt spricht,
die Möglichkeit, daß die Welt zum Menschen spricht.

Das Wort: dieser Körper, gerichtet an alles.
Das Wort: diese offenen Augen.

An dieser Stelle möchte ich einen fast unbekannten Text eines argentinischen Dichters, Aldo Pellegrini, als besonderes Zeugnis anführen. Vor 25 Jahren habe ich es von ihm für eine Poesiezeitschrift erbeten. Am Schluß heißt es da: «Die Poesie ist nicht mehr als diese starke Notwendigkeit, das Sein zu bekräftigen, welches den Menschen vorantreibt. Es stellt sich gegen den Willen zum Nichtsein, der die beherrschte Masse leitet, und es stellt sich gegen den Willen, in den anderen zu leben, der sich bei denen zeigt, die Macht ausüben. Die Einfältigen leben in einer künstlichen und falschen Welt, die auf Macht basiert, die man über andere ausübt, und sie negieren die umfassende Wirklichkeit des Menschlichen, welche sie durch hohle Schemen ersetzen. Die Welt der Macht ist eine sinnentleerte Welt außerhalb der Wirklichkeit. Die Poesie ist eine Mystik der Wirklichkeit. Der Dichter sucht im Wort keine Ausdrucksform, sondern eine Art der Teilnahme an der Wirklichkeit selbst. Der Dichter drückt durch das Wort nicht die Wirklichkeit aus, sondern er nimmt an ihr teil. Die Tür der Poesie hat weder Schlüssel noch Schloß: sie verteidigt sich durch ihre Qualität der glühenden Leidenschaft. Allein die Unschuldigen, die den Habitus des reinigenden Feuers kennen und brennende Finger haben, können diese Tür öffnen und durch sie in die Wirklichkeit eindringen. Die Poesie versucht, diese Aufgabe zu erfüllen, damit die Welt nicht nur für die Einfältigen bewohnbar sei.»

Dasjenige, was wir das *Prinzip des Wirklichen* nennen könnten, ist nicht durch eine einzige der Fähigkeiten, Talente oder Veranlagungen des Menschen zu begreifen, sondern durch die verbindende und ganzheitliche Verschmelzung aller, was jedoch viel mehr ist als ihre mechanische Summe. Ich denke, daß es auch genauso mit der Poesie geschieht. Eine der höchsten Perspektiven des Geistes in der heutigen Epoche ist die *Wiedererlangung oder Wiedergewinnung der Einheit oder Ganzheit des Menschen durch die Poesie.*

Unter diesem Gesichtswinkel sind das Denken und das Fühlen eine Einheit, wie die Intelligenz und die Liebe, die Kontemplation und die Aktion. Der Mensch ist halsstarrig für dumm verkauft, zergliedert und gespalten worden. Seine Vorstellungsfähigkeit, seine Macht des Sehens, seine Kraft der Kontemplation verkümmerten am Rande des Ornamentalen und Unbrauchbaren. Die Poesie und die Philosophie trennten sich an einem katastrophalen Abschnitt der kaum erzählbaren Geschichte des Denkens. Das Schicksal des modernen Menschen liegt in der Wiedergewinnung der Einheit von Denken, Fühlen, Vorstellen, Lieben, Schöpfen. Als eine Lebensform und Wegstrecke hin zum Gedicht, das diese Einheit gestaltet. Nicht umsonst sagte der baskische Philosoph und Poet Miguel de Unamuno: «Der Gedanke fühlt, das Gefühl denkt.»

Auch deshalb ist die Poesie der größtmögliche Realismus: im Versuch, den gespaltenen und zergliederten Menschen zu vereinen, seine losen Enden zu einem Ende zu verbinden, so daß es nicht mehr wichtig ist, ob es lose sei oder nicht.

Natürlich wird es immer *eine Poesie des gespaltenen Menschen* geben (sentimental oder sozial oder pamphletistisch oder ideologisch, ein Produkt der Zerstreuung oder der Proklamation, erkennbar am steten Mißbrauch der Wiederholung, des Diskursiven und des Rhetorischen). Aber es wird immer *eine Poesie des nicht gespaltenen Menschen* geben, die meiner Ansicht nach die einzige Poesie ist, die wichtig ist und der ich mich heute annähern möchte, die Poesie, die einige von uns suchten, als wir eine junge Zeitschrift mit dem Titel «Poesie = Poesie» tauften. Die Poesie, die allein für ihre schöpferische Freiheit steht, die kein Zurück kennt und sich in Schicksal wandelt.

Und da man sie zuweilen nicht begreift, möchte ich hier mit Nachdruck bekräftigen: *auch der Gedanke paßt in die Poesie.* Macedonio Fernández wußte es durchaus, als er seine «Gedankenlyrik» suchte, wenngleich viele «Lyriker» und aktuelle Kritiker das Gegenteil anstreben.

> Ich denke, daß in diesem Augenblick
> vielleicht niemand auf der Welt an mich denkt,
> daß allein ich an mich denke,
> und wenn ich jetzt stürbe,
> würde niemand, nicht einmal ich selbst, an mich denken.
>
> Und hier beginnt der Abgrund,
> wie wenn ich einschlafe.
> Ich bin mein eigener Halt und entferne ihn mir.
> Ich trage dazu bei, alles mit Abwesenheit zu überziehen.
>
> Vielleicht geschieht es deshalb,
> daß an einen Menschen denken
> dem ähnelt, ihn zu retten.

Die Poesie ähnelt auch der Rettung, egal ob Rettung existiert oder nicht. Jahre später schrieb ich in einem anderen Gedicht folgende Zeile, die vielleicht ein Schlüssel sein kann für das, was ich sagen möchte: «Denken ist wie Lieben.» Und in einem weiteren Gedicht entstand die nächste Variante: «Zu zweit denken, so wie man sich liebt.»

Die Poesie des nicht gespaltenen Menschen wird dennoch paradoxerweise weiterhin ein Riß, eine Gegenströmung, eine Marginalität bleiben, denn sie kann in ihrer wesentlichen Verwegenheit nicht damit aufhören, die stereotypen Normen und Vorschriften der Sprache und der Massenmedien des gespaltenen Menschen auseinanderzunehmen und zu zerbrechen. Selbst Unamuno schrieb einmal: «Die geistige Welt der Poesie ist die Welt der reinen Irrlehre, oder besser, der puren Ketzerei. Jeder wahre Dichter ist ketzerisch, und ein Ketzer ist der, der sich an Nachschriften und nicht an Vorschriften hält, an Ergebnisse und nicht an Voraussetzungen, an Schöpfungen und Gedichte und nicht an Dekrete und Dogmen.»

Der Dichter ist ein Förderer der Risse. Die scheinbare Wirklichkeit zerbrechen oder darauf warten, daß sie Risse bekommt, um zu begreifen, was hinter dem Trugbild ist, jenseits der Scheinwirklichkeit.

Dort befindet man sich weit entfernt von der kultivierten Schönheit der Treibhäuser, der sentimentalen Erschöpfung, der vergnüglichen und verspielten Literatur, der hedonistischen Zuflucht, der Virtuosität oder Breitenwirkung.

Man befindet sich weit entfernt vom Journalismus, der die Aktualisierung der Wahrheit vorgaukelt, von der Kritik, die für ihre Interpretationen und Wertungen versucht, die Schöpfung einem pseudowissenschaftlichen Podium auszusetzen oder einem System der Mode.

Und man befindet sich ebenso weit entfernt von wissenschaftlichen Disziplinen wie der Philologie oder der Linguistik, die trotz ihrer ernsthaften Bemühungen um die Sprache niemals von der Poesie sprechen können, weil sie neben anderen Dingen jene Idee von Emerson vergessen, die Borges in einem seiner letzten Interviews, kurz vor seinem Tod, angeführt hat: «Die Sprache ist fossile Poesie.»

Oder anders gesagt: Die Poesie ist das nicht versteinerte oder unversteinerte Leben der Sprache.

Ja, der Dichter ist ein Förderer der Risse, vor allem der zeitgenössische Dichter. Vielleicht ist er deshalb allein, aber nur allein kann man die Risse fördern. Er ignoriert nicht den extremen Sinn des Textes von Rabbi Joseph Ben Shalom aus Barcelona:

«Der Abgrund wird in jedem Riß sichtbar. In jeder Verwandlung der Wirklichkeit, in jedem Wechsel der Form, oder immer, wenn sich der Zustand von etwas verändert, wird der Abgrund des Nichts durchquert und so für einen flüchtigen und mystischen Augenblick sichtbar. Nichts kann sich verändern ohne eine Berührung mit diesem Bereich des absoluten Seins.»

Nicht umsonst erklärte Rimbaud am Eingangstor der modernen Poesie, daß der Dichter ein *Seher* ist. Und nicht umsonst bezeichnete Claudel Rimbaud als «einen wilden Mystiker». Denn der Dichter ist ein *irregulärer Mystiker*, ein mystischer Fremder, der spricht, obwohl er weiß, daß die Stille und das Schweigen der Anfang aller Dinge oder der Grund aller Dinge ist, auch des Wortes.

Gewinnanteile der Stille.

Was kann ein Gehör hören,
wenn es sich auf ein anderes Gehör stützt?

Die Abwesenheit des Wortes
ist ein langes Zeichen weniger,
das sich von seiner Zahl löst.

Die Farbe ist eine andere Art,
die Stille zu versammeln.

Die Form ist ein anderer Raum,
der den anderen Raum drängt,
als wär er eine Rinde.

Ein Vogel weicht zurück
vor einer quadratischen und schwarzen Sonne
und stellt sich auf dem Draht verkehrt herum,
wo ein Gedanke schweigt.
Und der Gedanke weicht seinerseits vor dem Vogel zurück,
wie das Gummi einer Steinschleuder
die Kugeln der Stille abfeuert.

Ein verrückt gewordener Fisch
weitet das Herz des Wassers
im Mittelpunkt des Menschen
und öffnet dort den Raum,
wo die Stille des Fisches
schwimmen kann,
seine Akrobatik der Abwesenheit.

Es gibt keine Poesie ohne Stille oder Schweigen und ohne Einsamkeit. Aber die Poesie ist vielleicht auch die reinste Form, über die Stille und das Schweigen hinauszugehen, jenseits der Einsamkeit. Darin ähnelt sie dem Gebet für den, der noch beten kann. Für den Dichter besetzt die Poesie den Raum des Gebets, ersetzt und bekräftigt ihn gleichermaßen.

Du hast keinen Namen.
Vielleicht hat nichts einen Namen.

Aber es gibt so viel Rauch, verteilt in der Welt,
so viel unbeweglichen Regen,
so viel Menschsein, das nicht geboren werden kann,
so viel horizontales Klagen,
so viele Friedhöfe,
so viele tote Kleider,
und die Einsamkeit bedrängt viele Leute,
daß der Name, den du nicht trägst, mich begleitet,
und der Name, der nichts bedeutet, einen Ort erschafft,
wo die Einsamkeit überflüssig ist.

Es gibt einen aufschlußreichen Text von Hugo Friedrich (in seinem Buch *Die Struktur der modernen Lyrik*), der mir alledem ganz nahe zu kommen scheint: «Moderne Lyrik ist wie ein großes, noch nie vernommenes, einsames Märchen; in seinem Garten sind Blumen, aber auch Steine und chemische Farben – Früchte, aber auch gefährliche Drogen; in seinen Nächten und unter seinen extremen Temperaturen zu leben, ist anstrengend. Wer zu hören vermag, vernimmt in dieser Lyrik eine harte Liebe, die unverbraucht bleiben will und darum eher in die Wirrnis oder auch in die Leere spricht als zu uns. (...) Die Dichter sind allein mit der Sprache. Aber die Sprache allein rettet sie auch.»

Aber das alles verlangt nach Einfühlungsvermögen, das *Offene* bei Rilke, das rastlose *Warten*, wo die Hoffnung schon fast nicht mehr möglich ist. Emily Dickinson sagte es mit ihrer sehr tiefgehenden Stimme: «Ich bewohne die Möglichkeit – / ein schöneres Haus als die Prosa – / mit zahlreicheren Fenstern – / mit noch mehr Türen –».

Ich habe einen schwarzen Vogel,
damit er nachts fliege.
Und damit er am Tag fliege,
habe ich einen leeren Vogel.

Aber ich habe entdeckt, daß sich beide
geeinigt haben,
um das gleiche Nest zu besetzen,
die gleiche Einsamkeit.

Deshalb nehme ich ihnen
manchmal dieses Nest weg,
um zu sehen, was sie tun,
wenn ihnen die Rückkehr fehlt.

Und so habe ich
ein unglaubliches Bild wahrgenommen:
den bedingungslosen Flug
im völlig Offenen.

Und das Warten. Das Warten anstelle der Hoffnung, die uns abhanden gekommen ist. Ohne Projekte, ohne tröstenden Balsam, ohne Glaubensüberspanntheit nehmen wir die Verzweiflung eines bewegenden Gedankens von Heidegger wahr, der besagt, daß wir für die Götter zu spät und für das Sein zu früh gekommen wären. Das Warten gehört zu den entscheidendsten Kernpunkten der Poesie, der Kunst und der zeitgenössischen Gedanken; diese grundlegende Spannung übersetzt sich manchmal genial in Werken wie *Warten auf Godot*. Wir wissen, daß Beckett bei der Frage, was er damit sagen, ausdrücken wollte, antwortete: «Warten auf Godot.» Dieses unverwechselbare Beispiel für seine Furcht vor der Überinterpretierung, die noch gefährlicher ist als die falsche Interpretation, bleibt andererseits eine Bestätigung jener umfassenden Äußerung von Susan Sontag: «Anstelle einer Hermeneutik brauchen wir eine Erotik der Kunst.»

Oder anders gesagt: was uns dringend erscheint, ist keine diskursive oder erklärende Zwischenbemerkung, sondern eine tiefe Schwingung, eine Kommunion, eine Konversion vor dem Text, vor allem wenn es ein Gedicht ist. Andererseits finde ich in einem vor einigen Jahren vom französischen Dichter Roger Munier veröffentlichten Buch, dessen Titel ein Satz aus dem *Vishnu Purana* ist, «Der Besucher, der nie ankommt» *(Le Visiteur qui jamais ne vient)*, diese fundamentalen Worte: «Ich warte. Eigentlich warte und werde ich nie auf etwas anderes warten als auf *den Besucher, der nie ankommt*. Dieses Warten ist das, was ich hier zurücklasse. Es nimmt unzählige Gestalten an, denn der Besucher, der nie ankommt, kann und soll in allem erwartet werden. Er ist nicht wirklicher als in diesem Warten, aber darin ist er durchaus wirklich: im Warten kommt er sozusagen an. Er ist der Sinn, der davon abweicht, die Hoffnung oder die Vision, die sich sowohl anbietet als auch verflüchtigt, mit einem Wort, die Gelassenheit des Wartens, was nichts anderes bedeutet als Warten, aber das Warten ins helle Licht stellt. Der Besucher, der nie ankommt, ist das Gewebe unserer Tage selbst.»

Ja, die Poesie ist die Aufgabe eines wesentlichen Wartens, das durch das Wort im Mysterium entworfen wird, der schöpferische Prozeß im Menschen. Denn «die Schöpfung», wie Clarice Lispector in ihrem Buch *A descoberta do mundo* schreibt, ist kein Verstehen, sondern «ein neues Mysterium». Meinerseits habe ich in einem Gedicht, das einige aufschreckte (es sind nie viele, die wegen eines Gedichtes unruhig werden), folgendes ausgedrückt:

Man diktiert mir Dinge,
aber nicht aus einer anderen Welt oder durch andere Wesen,
sondern, ein wenig bescheidener, von innen.

Aber wer ist in mir
außer mir selbst?
Oder bin ich vielleicht nicht in mir
und habe meinen Platz frei gelassen,
damit ein anderer mir diktiert?

Wenn das so ist,
ist es egal, daß keiner
das Diktat versteht.

Es ist auch egal,
ob ich es versteh.

Sein heißt nicht verstehen.

Das alles führt uns fast spontan oder naturgemäß zu einem anderen Aspekt oder Hauptproblem, das ich vor wenigen Monaten für eine Veröffentlichung, die einige junge Dichter aus Buenos Aires beispielhaft herausgeben, zusammengefaßt habe: «Es ist unaufschiebbar, die Welt *von neuem zu weihen* und dem Leben ihre ursprüngliche Transzendenz wiederzugeben. Aber die *Resakralisierung* kann für manche nur noch laienhaft gemacht werden, d. h. ohne Dogmen, Theologien oder Kirchen. Die Poesie ist die wahre laienhafte *Resakralisierung* der Welt. Und das, obwohl der Dichter fühlt, daß sein Reich auch nicht von dieser Welt ist. Aber er weiß auch, daß es auch nicht von einer anderen Welt ist. Ihm bleibt also kein anderer Weg, als eine neue Welt zu erschaffen, die dritte. Wirklicher als die anderen ist die Welt der Poesie, die letzte Alternative der Rettung, die uns bleibt, der letzte Rückgriff unserer geheimnisvollen Notwendigkeit des Seins.»

Das bedeutet keinesfalls, andere Ansichten und Glaubensinhalte nicht zu achten oder eben zu ignorieren, ganz im Gegenteil. Novalis hielt die Poesie nicht umsonst für die ursprüngliche Religion der Menschheit. Einige von uns glauben, daß man diesen Ursprung wiedergewinnen muß, um weitermachen zu können. Das geschieht allein durch diese Achse, die Poesie, das Erzittern und die Vertikalität der Transzendenz, natürlich unverschlüsselt: der Unendlichkeit, und namenlos: des Heiligen, natürlich ohne Theologie. Ich möchte Ihnen ein Gedicht aus meinem ersten Buch ins Gedächtnis rufen:

Ich weiß nicht, ob alles Gott ist.
Ich weiß nicht, ob etwas Gott ist.
Aber jedes Wort nennt Gott:
Schuh, Streik, Herz, Bus.

Und außerdem:
in Brand gesetzter Bus,
alter Schuh,
Generalstreik,
Herz neben Ruinen.
Und darüber hinaus noch:
Bus ohne Mensch,
Schuh ohne Sohle,
Generalstreik der Toten,
Herz in den Ruinen der Luft.
Und darüber hinaus noch:
regloser Bus für Götter, Schuhe, um durch die Wörter zu gehen,
Streik der Toten mit Altkleidern,
Herz mit dem Blut der Ruinen.

Und mehr.
Aber das ist nicht wichtig.

Ich habe schon aufgehört zu beten.
Ich werde jetzt die Schulter Gottes suchen.

Das alles verlangt gleichzeitig nach dem, was man *eine transzendentale Meditation der Sprache* oder über die Sprache nennen könnte. Es gibt keine ganze Poesie ohne sie. Und niemand kann eigentlich über die Poesie ohne diese transzendentale Betrachtung sprechen. Jeder authentische Dichter begründet sie von neuem. Nur in ihr kann eine transzendente Poesie verwurzeln – in dem Sinne, den wir heute diesem Begriff gegeben haben. Und ich glaube, daß es eigentlich keine andere Poesie gibt, die zumindest diesen Namen verdient. Andererseits ist die bloße Transzendenz für die Poesie nicht ausreichend.

Ich vermute schließlich, daß die Poesie eine *Notwendigkeit* ist, eine fundamentale Forderung des Menschseins, geäußert oder nicht. «Wenn ich sage, was ich sage, dann deshalb, weil mich das, was ich sage, besiegt hat», schrieb auf einleuchtende Weise unser Antonio Porchia. «Die Wörter sind Heiligtümer», wie auch der Chassidismus bekräftigt. Das poetische Wort, wie der Flügel, ist die Bedingung, um den Abgrund zu ertragen, denn ansonsten blieben allein das Schwindelgefühl und der Sturz übrig. An den Grenzen des Menschen ist die Poesie das bewegliche Ziel, das ihn begleitet und beschützt. Eine unnötige Poesie ist keine Poesie. Deshalb konnte Rilke folgendes sagen, während er vor allem an die Poesie dachte: «Ein Kunstwerk ist gut, wenn es aus Notwendigkeit entstand. In dieser Art seines Ursprungs liegt sein Urteil: es gibt kein anderes.» Oder an anderer Stelle seiner *Briefe an einen jungen Dichter* schreibt Rilke: «Kunst-Werke sind von einer unendlichen Einsamkeit und mit nichts so wenig erreichbar als mit Kritik. Nur Liebe kann sie erfassen und halten und kann gerecht gegen sie sein.» Es wäre zumindest wünschenswert, wenn alle Außenstehenden, die über das Kunstwerk, die Poesie sprechen, wenigstens diese paradoxe Notwendigkeit erkennen und begreifen. Und die letzte Notwendigkeit der Poesie ist ihre unersetzliche Verbindung mit dem Zufall oder der widerstandslosen Kraft dessen, was wir ignorieren.

Wegen der zergliederten und widersprüchlichen Welt, in der wir leben, durch die verletzte Conditio humana und das rastlose Abenteuer der Sprache, durch die geheimnisvolle Liebe zum Leben und die dreiste Unmittelbarkeit des Todes kann die Poesie vielfach zu einer Art *Stammeln* werden, eine offensichtlich schwankende und konfuse Ausdrucksform. Nicht umsonst, wenngleich vielleicht fern der Hauptströmung, vergleicht Jakobsen die Sprachstörung und die Poesie. Und Octavio Paz wird seinen Grund gehabt haben, um im Langgedicht *Adler oder Sonne?* folgendes zu sagen: «Es ist nicht die Stunde des Gesangs, sondern des Stammelns.» Im Januar 1986 fand ich in Paris, wo er sich das Leben nahm, diese Verse aus dem Gedicht «Tübingen, Jänner» von Paul Celan, vielleicht der größte deutsche Dichter seit Rilke:

Käme,
käme ein Mensch,
käme ein Mensch zur Welt käme, heute, mit
mit Lichtbart der
Patriarchen: er dürfte,
spräch er von dieser
Zeit, er
dürfte
nur lallen und lallen,
immer-, immer-
zuzu.

(«Pallaksch, Pallaksch»)

Die Poesie ist der Versuch, das Unsagbare auszusprechen, der extremste und risikoreichste Gebrauch der Sprache, aber bei der Verfolgung von etwas fast Unerreichbarem – und gequält durch die Unaussprechlichkeit – zielt die Poesie manchmal darauf ab, die Wörter zu zerstören und wie die Splitter eines unumgreifbaren Stammes zu zerbrechen.

Auch die Wörter zerbrechen,
als ob sie eingezwängt wären vor dem Abgrund
oder Fenster, die genarrt wurden
durch eine Verschwörung von Licht und Schatten.

Und dann mit den Fragmenten sprechen,
mit Wortteilen sprechen,
denn kaum taugte es,
mit den ganzen Wörtern zu sprechen.

Das verschollene Stammeln wiedergewinnen,
das in den Ursprung der Dinge hineinpaßte,
und zulassen, daß die Teile danach von selbst zusammenpassen,
wie man die Knochen zusammenwachsen läßt,
wie man die Ruinen wiederaufbaut.

Manchmal geht das Kaputte dem Ganzen voran,
die Teile von etwas sind früher als etwas.
Die Lehre der Einheit
ist noch schlichter und ungewisser
als wir vermuten.
Die Wahrheit ist so wenig sicher (für den Menschen)
wie ihre Verneinung.

Daher glaube ich, daß Cesare Pavese recht hatte, als er bemerkt, daß der Dichter immer ein *Lehrling* sein wird, so bedeutend er auch sein möge. Vor der Unendlichkeit der Wirklichkeit, der Erkenntnis, der Unkenntnis und der Sprache wird man sich immer an den Anfängen befinden. Das zu vergessen ist gleichbedeutend mit der Vergiftung der Quelle. Hier gehört Paul Valéry hinein: «Ein Gedicht beendet man nicht: man verläßt es.» Kein Gedicht kann sich vervollständigen. Es ist besonders merkwürdig: nichts kann sich vervollständigen. Das ist einer der Gründe für die Idee der «opera aperta» bei Umberto Eco: das Gedicht vervollständigt sich, zumindest relativ gesehen, in dem, der es empfängt, aufnimmt und wiedererschafft. Aber der Dichter muß neben vielen anderen Dingen die Unvollkommenheit schmerzlich annehmen, wenngleich er nicht damit zufrieden ist.

Vielleicht sollten wir lernen, daß das Unvollkommene
eine andere Form der Perfektion ist,
die Form, die die Perfektion annimmt,
um geliebt zu werden.

Eines Tages hatte Baudelaire die Verwegenheit zu sagen, daß die Korrektur wichtiger sei als das Schreiben: denn die Korrektur beginnt im ersten Augenblick des Gedichts und endet nie. Alles sind Varianten, Möglichkeiten, der ewige Garten der sich verzweigenden Pfade von Borges, um sich immer weiter zu verzweigen. Aus diesem Grund stellte sich Valéry vor, ein Gedicht mit allen seinen Varianten zu veröffentlichen, was eine außergewöhnliche Aufgabe der Lektüre und des Lernens sein würde. Aber hier kann ich die unvergleichliche Antwort von Joan Miró nicht vergessen, als man ihn fragte, was er bei der Beendigung eines Bildes so machte. Er antwortete: «Ich drehe es um und stelle es so an die Wand, damit es sich selbst abschließt.» Diese aleatorische Tantalus-Natur der Poesie und der Kunst spiegelt die eigene Natur der Wirklichkeit zuweilen scheinbar wider. So konnte Macedonio Fernández sagen, daß «die Welt aus tantalischer Inspiration entstand».

So konnte ich in meiner *Fünften Vertikalen Poesie* schreiben:

Die Welt ist der zweite Bezirk
einer unvollständigen Metapher,
ein Vergleich,
dessen erstes Element verlorengegangen ist.

Wo ist das, was wie die Welt war?
Flüchtete es aus dem Satz,
oder haben wir es ausradiert?

Oder war die Metapher
schon immer zerbrochen?

Wegen der Hinfälligkeit des Möglichen verstehe ich die Poesie stets als eine Verfolgung des *Unmöglichen*, eine Suche nach der anderen Seite der Dinge, einen liebevollen Exorzismus des Nichts. Hingegen ist die Politik für mich das am meisten Entgegengesetzte zur Poesie, sie besteht im Kampf, der Aktion oder der geistigen Nachtarbeit, die sich auf das Mögliche ausrichtet, die Eroberung und Ausübung der Macht, dank der meist mehr oder weniger zwingenden (um nicht zu sagen «totalitären») Organisation des Staates, die so die Herrschaft über eine Gesellschaft erlaubt und sich auf Gründe beruft, die häufig die Ordnung, den Fortschritt, die Entwicklung, die Sicherheit, die Freiheit oder die Gerechtigkeit aushebeln. Das geschieht natürlich auch durch die stufenweise Abmilderung der Mittel, die nie mehr erreichen sollten, als einfach nur eine Verwaltung zu sein – innerhalb einer relativen Wiederherstellung der Demokratie oder Wiederanknüpfung an demokratische Prinzipien. Die Poesie ist im Gegensatz dazu *die Kunst des Unmöglichen*, die sich auf die Förderung und die Aufgabe des transfigurierten Wortes ausrichtet, dank der schöpferischen Organisation der Sprache, die so erlaubt, in einige der letzten Instanzen des Lebens und der Wirklichkeit einzudringen und sie kundzutun, wofür sie sich auf die Grundlagen des Menschen, des Seins und des Ausdrucks beruft.

Die Poesie als Kunst des Unmöglichen ist schließlich eine konstante Verfolgung der anderen Seite der Dinge, des Verborgenen, des Umgekehrten, des Unscheinbaren, dessen, was scheinbar nicht ist.

Mitte 1986 schrieb ich dieses Gedicht:

Das Mögliche ist allein eine Provinz des Unmöglichen,
eine reservierte Zone,
damit das Unendliche
im endlichen Sein ausgeführt wird.

Zweifelsohne
erreicht jede Übung oder jeder Versuch
des Unendlichen im Endlichen,
des Unmöglichen im Möglichen
dahinter einen Hohlraum
und früher oder später dreht er sich um,
dreht sich auf die Rückseite,
wie der Ärmel oder schlecht geschnittene Mantelsaum.

Nur zu leben ist für einen Augenblick möglich,
und nur zu sterben ist für einen Augenblick möglich.
Aber im Grunde ist Leben ebenso

unmöglich wie Sterben.
Wie Denken und Lieben.

Dann bleibt allein
ein machbarer Weg:
daß das Unendliche gleich im Unendlichen ausgeführt werde,
daß das Unmögliche unmittelbar im Unmöglichen ausgeführt werde.
Und daß die Mäntel von Anfang an umgekehrt getragen würden,
daß die Rose ihren Duft dem Denken weitergebe,
daß die Liebe ihre flüchtigen Hände gegen Rosen eintausche
und daß der Tod auf einen eingeseiften Stock steige
und von oben heiser verkünde,
daß dies alles ein törichter Versuch gewesen ist
und das Werk erst jetzt beginnt
mit einer Person und mehreren Titeln.
Erstens: Das Mögliche ist eine Kopie des Unmöglichen.
Zweitens: Das Unmögliche ist allein sich selbst gleich.
Drittens: Das Mögliche hört auf, möglich zu sein.

Und im Erdkreis des Seins,
ebenso wie in der Rechtsprechung des Nichtseins,
würden für immer
die reservierten Zonen
und ihre verstohlenen Übungen abgeschafft.
Vielleicht könnte dann das Stück
einen einzigen Titel tragen:
Allein möglich ist das Unmögliche.

Und die Poesie als Kunst des Unmöglichen erhält und begreift durch die Jahrhunderte den gewagten und großartigen Text von Demokrit von Abdera: «Nichts ist wirklicher als das Nichts.»

Wegen des schwarzen Spiegels, der uns stets beschützt, weil die Poesie im Mittelpunkt des Menschen steht, konnte Octavio Paz in einem sehr frühen Interview behaupten: «Jede große Poesie muß sich *mit dem Tod* auseinandersetzen und eine Antwort auf den Tod sein.» Ich, der ich nicht an Antworten glaube, bevorzuge zu denken, daß die Poesie eine Anwesenheit vor dem Tod ist.

Während du irgend etwas tust,
stirbt gerade jemand.

Während du dir die Schuhe putzt,
während du haßt,
während du einen feinen Brief
deiner einzigen oder nicht einzigen Liebe schreibst.

Und wenn du auch nichts tun würdest,
stirbt gerade jemand
und versucht, alle Winkel zusammenzubringen,
und versucht vergeblich, nicht auf die Wand zu starren.

Und wenngleich du sterben würdest,
stürbe gerade jemand mehr,
abgesehen von deinem berechtigten Wunsch,
eine Minute in Ausschließlichkeit zu sterben.

Wenn man dich nach der Welt fragt, antworte
deshalb einfach nur: gerade stirbt jemand.

Jahre später schrieb ich ein anderes Gedicht mit einem anderen Klang und einer anderen Sichtweise, die ich neben das vorhergehende Gedicht stellen möchte, als ob ich zwischen beiden einen wechselseitigen Wink vernehmen würde:

Das Leben zeichnet einen Baum,
und der Tod zeichnet einen anderen.
Das Leben zeichnet ein Nest,
und der Tod kopiert es.
Das Leben zeichnet einen Vogel,
damit er im Nest wohne,
und der Tod zeichnet plötzlich
einen anderen Vogel.

Eine Hand, die nichts zeichnet,
geht durch alle Zeichnungen
und zwischendurch stellt sie eine um.

Zum Beispiel:
der Vogel des Lebens
besetzt das Nest des Todes
auf dem Baum, der vom Leben gezeichnet wurde.

Andere Male
radiert die Hand, die nichts zeichnet,
eine Zeichnung der Serie aus.
Zum Beispiel:
der Baum des Todes
trägt das Nest des Todes,
aber kein Vogel besetzt es.

Und andere Male
verwandelt die Hand, die nichts zeichnet,
sich selbst
in ein vorherrschendes Bild
mit der Gestalt eines Vogels,
mit der Gestalt eines Baumes,
mit der Gestalt eines Nestes.

Und dann, nur dann
fehlt nichts, nichts ist überflüssig.
Zum Beispiel:
zwei Vögel
besetzen das Nest des Lebens
auf dem Baum des Todes.

Oder der Baum des Lebens
trägt zwei Nester,
in denen ein einzelner Vogel wohnt.

Oder ein einziger Vogel
bewohnt ein einzelnes Nest
auf dem Baum des Lebens
und dem Baum des Todes.

Wegen der fast unerträglichen *Unterbrechung* des Geistes, die beispielsweise Saint-Exupéry so sehr plagte, diese Wechsel der inneren Zustände und Situationen, die öfters den Dichter bedrücken, wie auch den Mystiker und vielleicht jeden, der die Unbilden des wachen Gedankens, die Höhen und Tiefen und die Spannungen des in den Dingen wurzelnden Gefühls durchlebt, ist es nicht schwer zu begreifen, daß die Poesie sich häufig im Grenzgebiet des Wahnsinns befindet, in der Nachbarschaft seiner verblüffenden Bezirke. Aber es ist ebenso wertvoll zu verstehen, daß gleichzeitig die Poesie die einzige Rettung vor diesem unerklärlichen Sturz ist. Deshalb verknüpfte ich einmal diese Fragen:

Ist die Poesie ein Vorwort des Wahnsinns?
Oder ist der Wahnsinn ein Vorwort der Poesie?
Oder sind beide ein Vorwort für eine andere Sache,
für eine andere, ungemein gerechte Sache,
die nicht sprechen kann?

«Die Poesie kennt keinen *Komfort.*» Dieser Titel des französischen Dichters René Ménard, den ich vor einigen Jahren im Haus eines argentinischen Poeten kennengelernt habe, der inzwischen auch verstorben ist, Raúl Gustavo Aguirre, faßt ein Gesetz des Künstlers zusammen, das sich viele nicht erklären können. Die Poesie ist äußerste Anforderung, Strenge ohne Milde, unruhestiftender Einspruch. Die Poesie verlangt nicht weniger als das Leben. Deshalb entziehen sich ihr viele, aber suchen sie auch als unersetzliche Dimension. Wer begreift das schließlich? Gottfried Benn hat geschrieben, daß keiner, nicht einmal die großen Dichter unserer Zeit, mehr als acht bis zehn gute Gedichte hinterlassen hätten. Aber für sechs Gedichte ganze dreißig oder fünfzig Jahre Askese, Leiden und Kampf! Strenger noch äußerte sich Rilke im *Malte Laurids Brigge*: «Man sollte warten damit und Sinn und Süßigkeit sammeln ein ganzes Leben lang und ein langes womöglich, und dann, ganz zum Schluß, vielleicht könnte man dann zehn Zeilen schreiben, die gut sind. Denn Verse sind nicht, wie die Leute meinen, Gefühle (die hat man früh genug), – es sind Erfahrungen.» Zweifelsohne ist der Dichter nicht notwendigerweise ein Masochist oder Monomaniak, er hat auch kein unheilbares Trauma oder verbüßt eine gewisse Strafe oder Züchtigung für irgendeine schändliche Tat oder Schuld.

Ich erinnere mich an einen Vormittag in Mexiko vor einigen Jahren. Mehrere Dichter aus der ganzen Welt waren eingeladen worden, um den siebzigsten Geburtstag von Octavio Paz zu feiern. Vor einem runden Tisch über lateinamerikanische Lyrik erzählte uns der kolumbianische Poet Álvaro Mutis, der als Moderator auftreten sollte, daß ihm, bevor er sein Haus verließ, seine Frau das *I Ging* legte und ihm als Rat auf den Weg gab, heute besser nicht zu sprechen. Das nahm er sich vor und bat uns alle, die wir am runden Tisch teilnahmen, seine sozusagen stumme Anwesenheit zu berücksichtigen. Die Runde koordinierte sich von selbst. Am Schluß meldeten sich einige Zuhörer zu Wort und einer von ihnen, der nie ausbleibt, fühlte sich gedrängt und verpflichtet, diese archaisch alberne Frage zu stellen: «Wozu nutzt die Poesie? Wozu nutzt sie in einer Welt voller Greuel wie dem Hunger, der Armut, der Krankheit, dem Krieg, der Ungerechtigkeit, der Unterdrückung, der Folter, der Gewalt, des Todes?»

Da geschah das Unerwartete: Álvaro Mutis setzte sich über seinen guten Vorsatz hinweg und bat uns darum, ihn antworten zu lassen. Er sagte die folgenden Worte, die ich nicht vergessen werde: «Angesichts dessen, was Sie sagen, möchte ich Ihnen erklären, daß ich keine bessere Lösung gefunden habe und kenne, als jeden Tag Gedichte zu schreiben.»

Es handelte sich nicht um eine Ausrede oder einen leichten Einfall noch um einen Anflug von Humor, der bei Mutis sonst recht üblich ist, auch nicht um eine romantisch blühende Übertreibung. Ich sehe darin ein bewegendes Bekenntnis, einen außergewöhnlichen Akt des Glaubens. Der Dichter kämpft beim Schreiben um die ganze Würde und die ganze Größe, die mit der Kleinheit des Menschen zusammenhängt. Und er kämpft nicht nur; er triumphiert auch, wenn er die Lampe zum Weiterbrennen bringt, die viele auslöschen wollen – und ohne die es nicht möglich ist zu leben. Das ist die unersetzbare Aufgabe des Dichters, wie es mir vor Jahren René Char in seinem magischen Kreis in der Provence sagte.

Außerdem ist die Poesie Übung, Leidenschaft, Passion und der bevorzugte Bezirk der Freiheit. Ich glaube, daß wir uns zutrauen könnten, dem noch anzufügen, daß die Poesie gleichzeitig das Wort in Freiheit und das Wort der Freiheit ist. Paul Reverdy hat das noch drastischer ausgedrückt: «Die Poesie erscheint als größter Trost für unsere Misere, ja sie muß weiterhin der einzige Punkt in der Höhe bleiben, von dem aus man noch einen helleren, offeneren Horizont überblickt, der uns erlaubt, nicht völig zu verzweifeln. Bis zu einer neuen Ordnung, bis zu einer neuen und vielleicht endgültigen Unordnung, wird man in ihrem Wort den Sinn suchen gehen müssen, den vorher das Wort Freiheit selbst hatte.»

Ich möchte Ihnen drei aktuelle Fälle vortragen. Der erste: Ein Dichter hat mehr als zwanzig Jahre Gefangenschaft und Folter in den Kerkern einer der häufigen lateinamerikanischen Diktaturen durchlitten. Er überlebt – mehr oder weniger – in einem Rollstuhl. Aber ihm fehlt die letzte Folter, die allerletzte Versuchung wie in der berühmten «Grausamen Geschichte» von Villiers de l'Isle Adam: der große Verantwortliche läßt jenes Häuflein Elend zu sich kommen und schlägt ihm vor, ihn auf der Stelle freizulassen, wenn er ihm eine kurze Erklärung unterschreibt. Worin besteht dieses rettende Geständnis? Es ist nicht mehr als dieser Satz: «Ich bin kein Dichter.» Und der gequälte Mensch, der von dem Barbaren fast zerdrückt wurde, weigert sich, die Schmach abzuzeichnen, und kehrt in den Kerker zurück.

Zweiter Fall: In einem fernen Land ist ein Dichter seit mehreren Jahren in Haft, weil er die politischen Ansichten der Partei nicht teilt. Allein seine Gedichte geben ihm die Kraft, zu ertragen und zu widerstehen. Aber man verbietet ihm den Gebrauch von Papier und Bleistift. Was macht er schließlich? Er lernt seine Gedichte auswendig und wiederholt sie mit lauter Stimme vor seinen Mithäftlingen, die sie wiederum auswendig lernen und später im Ausland verbreiten, nachdem sie ihre Strafen abgesessen haben und auf freien Fuß gesetzt wurden. Aber das Unerwartete geschieht: Der Dichter leidet an Amnesie und verliert sein Gedächtnis. Was bleibt ihm übrig? Er dichtet und spricht seine Gedichte laut vor sich hin, allein in seiner Zelle. Mehr nicht. Die Gedichte gehen verloren und retten ihn. Später erwirkt der Druck der internationalen Solidarität seine Freilassung. Sein Werk war in der Welt bereits bekannt.

Dritter Fall: Zwei schwangere Frauen verbringen in getrennten Zellen eine Weihnachtsnacht im Gefängnis. Die Hoffnung ist fern, die Gerechtigkeit auch. Alles scheint fern zu sein, außer der Folter und dem Tod. Eine der Frauen schreibt eine kleine Nachricht für die andere. Sie fleht naturgemäß um Hoffnung und bittet um alles, was ihnen fehlt, und bittet sie, auszuhalten und nicht den Glauben zu verlieren. Oben auf dem kleinen bewegenden Text in einem Eck des länglichen Papiers gibt es ein Zitat, das mit Anführungsstrichen versehen ist, aber ohne Autorennennung. Da steht: «Die Liebe, die nicht der ganze Schmerz ist, ist nicht die ganze Liebe.» Ich habe eine Abbildung dieser Botschaft gesehen. Und seit langem weiß ich, daß der «anonyme» Sinnspruch eine der «Stimmen» unseres großen argentinischen Dichters Antonio Porchia ist.

Der Dichter, der der Poesie nicht abschwor, um sich vor der Hölle zu retten; der Dichter, der das Gedächtnis verlor und seine Gedichte rettete – und sich mit ihnen selbst rettete; die Frau, die die Poesie für ihre sicherlich letzte Botschaft auswählte: *sie alle waren frei.* Freier als ihre Gefängniswärter und Folterer, mit jener geheimnisvollen Freiheit, die keiner dem Menschen rauben kann, auch wenn man ihn zerstört. Ja, wenn man die Schriften umschreibt, ohne die geringste Intention der Respektlosigkeit, können wir auch sagen: die Poesie wird euch befreien. Und das ist die Wirklichkeit der Poesie, die wir an diesem Nachmittag verfolgt haben.

Und diese Wirklichkeit – auf der ontologischen Ebene, auf der Ausdrucksebene, auf der unmittelbaren Ebene des Schmerzes und der Erschütterung des Menschen – wurde für mich vor neun Jahren eindeutig klar, als ich eine der größten Lektionen meines Lebens hinnehmen mußte. Ein Herzinfarkt brachte mich auf die Intensivstation. Und dort habe ich, während ich vorsichtig untersucht wurde und völlig nackt dalag, angeschlossen an Apparate, die mit äußerster Präzision meine physiologischen Funktionen maßen, aber frei geworden von viel mehr als irgendeiner Gewißheit, genau dort habe ich meine Gedichte weitergemacht. Heute glaube ich, daß sie mir mehr halfen, um weiterzuleben, als irgend etwas anderes.

Wenn man einmal den Fuß auf die andere Seite gestellt hat,
und man kann dennoch zurückkehren,
wird man nie mehr wie früher auftreten,
und langsam wird man von dieser Seite die andere Seite betreten.
Das Lernen
verwandelt sich in das Gelernte,
das ganze Lernen,
das sich danach nicht damit abfindet,
daß alles Weitere,
vor allem die Liebe,
nicht dasselbe macht.

Die andere Seite ist die größte Berührung.
Sogar die Augen selbst ändern die Farbe
und bekommen den durchsichtigen Farbton der Fabeln.

Jetzt können wir noch umfassender den Gedanken von Novalis verstehen, der das bekräftigt: «Die Poesie ist das echt absolut Reelle. Dies ist der Kern meiner Philosophie. Je poetischer, je wahrer.»

Oder wir können auch ohne Sorge zwei beunruhigende Texte von Wallace Stevens in *Adagia* erläutern, sein postumes Werk. Das erste: «Die Wirklichkeit ist ein Klischee, vor dem wir durch die Metapher entfliehen.» Das zweite: «Die Metapher erschafft eine neue Wirklichkeit, von der aus die ursprüngliche Wirklichkeit als unwirklich erscheint.»

Aber bevor wir zum Schluß kommen, fehlt noch etwas, das hier nicht fehlen darf: die Poesie wird immer nahe der Liebe sein. Das ist ein unendliches Thema, und es kommt immer wieder auf, als ob es das erste Mal wäre. Darin gleicht es ohne Zweifel der Liebe selbst: jede Liebe ist erste Liebe. Die Liebeslyrik ist der reichste Bereich der Poesiegeschichte. Auch einer der gefährlichsten, schwierigsten und entstelltesten Bereiche, wie es bereits Rilke in seinen so häufig gelesenen und so selten beherzigten *Briefen an einen jungen Dichter* ausführte. Zweifelsohne hat die Liebeslyrik einige der schönsten Werke der Weltlyrik hervorgebracht. Darunter befinden sich unversehrt die Sonette von Shakespeare und Quevedo oder die Gedichte von Bécquer und Eluard. In diesem Bereich erhält die endgültige Aufforderung von San Agustín eine einzigartige Resonanz: «Liebe und mache, was du willst.» Vielleicht mit einer Begrenzung, die doppelt dramatisch und sogar auch etwas zynisch sein kann: nicht schlecht schreiben. Nicht die Liebe vor die Poesie stellen oder sich dem Schreiben widmen und doch etwas anderes tun. Andererseits kann ich nicht eher aufhören, ohne etwas Eigenes dazu beizutragen:

Eine dünnere Faser als der Gedanke,
ein Faden, so groß wie das Nichts,
eint unsere Augen, wenn wir uns anschauen.

Wenn wir uns anschauen,
einen uns alle Fäden der Welt,
aber es fehlt dieser,
der allein Schatten gibt
für das geheimste Licht der Liebe.

Nachdem wir gegangen sind,
bleibt vielleicht dieser Faden übrig
und eint unsere leeren Plätze.

• • •

Du bist mein vollkommenstes Verlassensein,
meine Schwäche, meine offene Flanke,
was mich davon befreit, mich zu schützen.

Vielleicht verbinden sich deshalb in dir
meine größte Erinnerung und mein größtes Vergessen,
und ich weiß nicht, ob du meine Begleitung bist
oder schon längst meine Einsamkeit.

Eine Liebe jenseits der Liebe,
über den Ritus der Bindung hinaus,
jenseits des verhängnisvollen Spiels
der Einsamkeit und der Zweisamkeit.

Eine Liebe, die keine Rückkehr braucht,
aber auch keinen Hinweg.
Eine Liebe, die sich nicht fügt
dem Flackern des Kommens und Gehens,
des Wachseins und Schlafens,
des Rufens und Schweigens.

Eine Liebe, um zusammenzusein
und wiederum auch nicht,
aber auch für alle Zwischenpositionen.
Eine Liebe wie das Augenöffnen.
Und vielleicht auch wie das Augenschließen.

• • •

Ich schaue einen Baum an.
Du schaust in der Ferne irgend etwas an.
Aber ich weiß, daß du, wenn ich diesen Baum nicht anschauen würde,
ihn für mich anschauen würdest,
und du weißt, daß ich, wenn du nicht anschauen würdest,
was du anschaust, es für dich anschauen würde.

Mir reicht es nicht mehr,
daß jeder von uns gemeinsam etwas anschaut.
Wir haben geschafft,
daß dann, wenn einer fehlen sollte,
der andere schaut,
was der eine anschauen sollte.

Jetzt brauchen wir nur
einen Blick begründen, der für uns beide schaut,
was wir beide anschauen sollten,
wenn wir nirgends mehr sein werden.

• • •

Etwas bremst das Licht:
jedes Licht sollte überallhin gelangen.
Etwas hemmt die Musik:
jede Musik sollte von allen gehört werden.

Etwas staut den Gedanken:
jeder Gedanke sollte alle Dinge denken.
Etwas verhaftet das Leben:
jedes Leben sollte das Lebende und das Nichtlebende sein.

Wegen dieser heillosen Umstände
ist der Mensch eine Substanz der Verschwendung.
Jede Liebe hat ungeheuer lange Arme:
um zu lieben, muß man die Arme kürzen.

• • •

Der Mittelpunkt der Liebe
stimmt nicht immer
mit dem Mittelpunkt des Lebens überein.

Beide Mittelpunkte
suchen sich dann
wie zwei aufgescheuchte Tiere.
Aber meistens finden sie sich nicht,
weil der Schlüssel der Übereinstimmung ein anderer ist:
gemeinsam geboren zu werden.

Gemeinsam geboren zu werden,
wie alle Liebenden geboren werden
und sterben sollten.

• • •

Ich drehe mich auf deine Seite
im Bett des Lebens
und finde, daß du unmöglich geworden bist.

Dann drehe ich mich zu mir
und finde das gleiche.

Deshalb ist es so,
daß wir, obwohl wir das Mögliche lieben,
es am Ende in eine Schublade einschließen,
damit es dieses Unmögliche nicht mehr stört,
ohne daß wir nicht weiter zusammensein können.

Daher ist die Poesie auch eine *widersprüchliche Feier*, die Hingabe an das Leben, Begeisterung im griechischen Sinne, Schwingung und manchmal sogar Gesang. Es ist nicht wichtig, ob sie von Schmerzen oder vom Tod spricht, vom Absurden oder vom Nichts. Es ist der Impuls, «die Erzählung fortzuführen». Es ist die größtmögliche Intensität des Lebens. Dabei muß daran erinnert werden, daß «der vielleicht einzige Sinn die sinnlose Intensität ist», wie es in einem Sinnspruch heißt, den ich vor siebenundzwanzig Jahren für eine Poesiezeitschrift geschrieben habe.

Feiern, was nicht existiert.
Gibt es einen anderen Weg, um zu feiern, was existiert?

Das Unmögliche feiern.
Gibt es eine andere Art, das Mögliche zu feiern?

Die Stille feiern.
Gibt es eine andere Weise, das Wort zu feiern?

Die Einsamkeit feiern.
Gibt es einen anderen Pfad, die Liebe zu feiern?

Das Umgekehrte feiern.
Gibt es eine andere Form, das Richtige zu feiern?

Feiern, was stirbt.
Gibt es einen anderen Weg, zu feiern, was lebt?

Das Gedicht ist immer Feier,
weil es immer das Äußerste
der Intensität eines Stückes der Welt ist,
sein Schwert der wiederhergestellten Glut,
seine Faust der entspannten Begeisterung,
seine gerechteste und stärkste Betonung,
als würde die Stimme aufblühen.

Das Gedicht ist immer Feier,
obwohl sich an seinen Rändern die Hölle widerspiegelt,
obwohl die Zeit sich wie ein verwundetes Organ zusammenzieht,
obwohl der seiltänzerische Spaßvogel, der die Wörter drängt,
seine Luftsprünge und sein Augenzwinkern improvisiert.

Nichts kann das Unendliche verbergen.
Seine Geste ist umfassender als die Geschichte,
sein Schritt ist länger als das Leben.

Ich erinnere hier an die kleine Widmung meines ersten Buches, die vielleicht die Synthese aller Würdigungen und meiner Danksagungen enthält: «Für fast alle. Oder für fast niemanden? Aber für dich.»

Der uruguayische Schriftsteller Rubén Loza Aguerrebere schrieb einmal an den Dichter Jorge Vocos Lescano diese entscheidenden Worte: «Man wird Ihren Namen vergessen können, aber niemals Ihre Stimme. Verflixtes Schicksal!» Auch hier befindet sich noch einmal in seiner letzten Konsequenz die Wirklichkeit der Poesie und die Poesie der Wirklichkeit, die ich heute ansprechen wollte. Diese Poesie, ohne die wir nicht leben können und ohne die auch die Welt nicht leben kann, wenngleich sie versucht, das zu verbergen und sogar die Namen derjenigen vergißt, die sie gesucht und ihr gedient haben. Im wesentlichen Winkel des Namens wird diese Stimme sie weiterhin tragen, speisen, nähren, wecken und vor dem Vergessen retten, aus dem Nichts hervorbringen, obwohl sie nicht weiß, von wem das ist, was andererseits auch nicht so wichtig ist.

Umberto Eco erzählt von einem Gespräch zwischen Yao-Shan und einem Schüler, der ihn fragte, was er mit gekreuzten Beinen anstellen würde. Antwort: «Ich dachte an das, was jenseits des Gedankens ist.» Frage: «Aber wie kannst du an das denken, was jenseits des Gedankens ist?» Antwort: «Nicht denkend.» Die Poesie ist Denken und Nichtdenken, jenseits und diesseits des Gedankens, im Herz der Wirklichkeit selbst.

«Die Wirklichkeit ist unendlich. Nur unsere Bosheit oder unsere Angst setzen der Wirklichkeit Grenzen.» So spricht eine Figur von Bergman in seinem Film *Herbstsonate*. Die Poesie ist auch unendlich wie der geheimnisvolle Impuls, den wir in uns tragen. Und auch das Böse oder die Angst setzen ihr Grenzen, neben der Dummheit und der Ignoranz. Deshalb sagt Albert Béguin, daß «unsere Zeit durch tausend dämonische Mächte uns dazu einlädt, sie zu vergessen». Warum? Ich glaube, weil der Mensch im allgemeinen nicht zuviel Wirklichkeit erträgt. Der Mensch hält die unendlich nahe Botschaft, die wir in uns tragen, nicht aus: die wesentliche Sprache seiner selbst, diese untrennbare Tatsache der Sprache, die in ihren äußersten Ausdrucksarten alles abverlangt.

Ein heutiger argentinischer Dichter, Simón Rargieman, veröffentlichte kürzlich einige imaginäre Gespräche (oder womöglich auch nicht) mit van Gogh. Auf der letzten Seite zitiert er die Worte, die der große holländische Maler auf seinem Todeslager sprechen würde: «Es ist vergeblich, die Traurigkeit wird ewig sein.» Vorher kommt in diesem Buch ein anderer Text von van Gogh vor, in dem er erklärt: «Im Leben wie in der Malerei kann ich ohne Gott sein; aber weil ich leide, kann ich ohne etwas Größeres als mich selbst nicht sein, nämlich mit meinem Leben, *der Fähigkeit, schöpferisch tätig zu sein.*» Und dieser argentinische Dichter hat in einem früheren Buch mit dem Titel *Das entscheidende Wort* als Motto diese Zeilen eines anderen argentinischen Dichters, Enrique Pichon Rivière, aufgenommen: «Die schöpferische Tätigkeit ist die einzige Form, die Traurigkeit zu entschlüsseln, die das Schicksal des Menschen begleitet und belauert.»

Ja, ich sehe keinen anderen Weg. Deshalb wollte ich mich an diesem Nachmittag mit meinen Worten nicht einfach auf eine literarische Gattung oder eine Form der Zerstreuung oder des Zeitvertreibs beschränken. Die Poesie ist viel mehr als eine literarische Gattung oder eine Spielanleitung: die Poesie ist das Menschenwort, verwandelt in Schöpfung – und bis zum Äußersten gebracht. Ja, ich glaube, daß die Poesie letzten Endes darin besteht: Schöpfung und Zerstörung. Gibt es eine andere Form, das Rätsel des Seins und des Nichtseins zu ergründen?

Wir enden mit einem Gedicht, das mit dem Anfang und seiner metaphorischen Beziehung zu den Räumen korrespondiert:

Wo ist der Schatten
eines Gegenstandes, der an die Wand gelehnt ist?
Wo ist das Bild
in einem Spiegel, der an die Nacht gelehnt ist?
Wo ist das Leben
eines Geschöpfes, das an sich selbst gelehnt ist?
Wo ist das Reich
eines Menschen, der an den Tod gelehnt ist?
Wo ist das Licht
eines Gottes, der an das Nichts gelehnt ist?

Vielleicht befindet sich in diesen Räumen ohne Raum,
was wir suchen.

Aus dem Spanischen von Juana und Tobias Burghardt

(Die Antrittsrede **Poesie und Wirklichkeit** hielt Roberto Juarroz am 27. November 1986 in Buenos Aires anläßlich seiner bereits 1984 erfolgten Wahl und Aufnahme in die *Academia Argentina de Letras*, die seit 1931 bestehende *Argentinische Akademie für Sprache und Dichtung*.)

Porträt

Santiago Kovadloff

An der Schwelle der lateinamerikanisch-jüdischen Poesie

Das lateinamerikanische Kapitel im Panorama der zeitgenössischen jüdischen Poesie ist ein Hinweis auf das beharrliche Bemühen um Selbstverständnis, in dem sich die jüdische Gemeinde in ganz Lateinamerika befindet. Obwohl ein solches Bemühen nur bruchstückhaft sein kann, handelt es sich um eine unschätzbare Erkundung, sobald die Werke der Dichter zur Erhellung der Modalitäten und Tendenzen einer sich bildenden, entfaltenden und pulsierenden Kultur beitragen, die sich in ihren verschiedenen Stufen der Konsistenz, Kohärenz und Widersprüchlichkeit zu sich selbst entschieden hat.

Wovon ist die Rede, wenn über lateinamerikanisch-jüdische Poesie gesprochen wird? Gemeint sind die Wegstrecke und das Schicksal, die die jüdischen Werte in zwei Sprachen zurückgelegt und erfahren haben: in Spanisch und Portugiesisch. Mehr noch: die Prägung, die diese Sprachen – in den Händen des Künstlers – dem Judentum beigebracht haben, seitdem sie miteinander in Berührung kamen. Zwar ist von einzelnen jüdischen Gemeinden in Lateinamerika kaum etwas bekannt, aber auch das ändert sich allmählich.

Die lateinamerikanisch-jüdische Poesie hat die Ausdrucksmöglichkeiten der spanischen und portugiesischen Sprache angenommen und verwandelt dabei die Erfahrung der grundlegenden jüdischen Werte in diesen geographischen Breiten – und in einem äußerst individuellen Rahmen.

Das Zwiegespräch mit Gott, seine unzähligen Varianten, die durch Diskriminierung auferlegten Leiden, die Intensität des Heimwehs, das Exil und sein unauslöschlicher Schatten, die Vaterwelt und ihr Nachklang, der Todessinn, der Mystizismus, die Hingabe an das Familienleben, die Festlichkeiten und die unentrinnbare Anwesenheit des ethischen und ästhetischen Gewichts der Tradition, das alles bildet größtenteils das thematische Repertoire der lateinamerikanisch-jüdischen Poesie genauso wie in anderen Breiten, beispielsweise in der europäisch-jüdischen oder angloamerikanisch-jüdischen Poesie. Abgesehen von der thematischen Gestaltungsweise ausdrücklich jüdischer Grundwerte, gibt es einen unverwechselbaren Akzent, der die subjektive, soziale und historische Erfahrung der Länder Lateinamerikas mit ihren jeweilig eigenen Konflikten, Auswegen und Bedingtheiten darstellt. Das Jüdische artikuliert sich im lateinamerikanischen Spanisch und Portugiesisch, wodurch eine einzigartige Entwicklung entstand, in der die Eigenart dieser Sprachen und die besonderen Klangfarben der Aussprache, die in jedem Land und in jeder Region anders sind, einfließen. Zudem variieren die Wortbedeutungen, die Wortstellungen im Satz und die Satzstrukturen an den verschiedenen Orten in Lateinamerika.

In dieser fruchtbaren multikulturellen Wirklichkeit verbindet sich das Jüdische mit dem Bolivianischen, Brasilianischen, Uruguayischen, Chilenischen, Peruanischen, Venezolanischen, Mexikanischen oder Argentinischen. Gleichzeitig gibt es jedoch eine Trennungslinie. Obwohl sich eine Verwandtschaft entwickelt hat, bleibt die jüdische Eigenart durchaus vorhanden. Das daraus entstandene «Mestizentum» ist nichts anderes als eine bereits unauflösliche Verknüpfung zweier ursprünglich verschiedener Traditionen. Dank dieser großartigen Überschneidung der jüdischen und der lateinamerikanischen Tradition hat sich inzwischen eine neue Einheit herausgebildet, deren Wert und Festigkeit die Werke der Dichter darlegen.

Das Spanische und Portugiesische sind keine Sprachen, in die das universelle Judentum übertragen wird, sondern Lebensarten, worin es in Lateinamerika gestaltet und erfahren wird. Außerhalb dieser Sprachwelten verlöre es für uns zwar keinen Sinn, wohl aber Transparenz und testimoniale Kraft. Die lateinamerikanisch-jüdische Poesie stellt neben Essayistik und Prosa den höchsten Grad der begrifflichen Ausarbeitung dar, den die Erfahrung des Jüdischen in Lateinamerika erreicht hat. Von dieser Erkenntnis hängt zwar nicht ab, daß wir sind, wer wir sind, aber durch diese Erkenntnis verfügen wir über ein besonderes Hilfsmittel, um mehr und besser zu verstehen, wer wir eigentlich hier sind.

Der fruchtbare Boden, den das lateinamerikanische Judentum zu seiner Entfaltung vorfindet, belegt, daß die Universalität der jüdischen Grundwerte allein auf eine umfassende Weise sichtbar wird, wenn sie in einen konkreten geschichtlichen Zusammenhang integriert ist. Angesichts der Erfahrung als Lateinamerikaner erhält für uns Juden die Bedeutung der Traditionen unserer Vorväter eine wundersame Gegenwärtigkeit.

Jedes lateinamerikanisch-jüdische Gedicht drückt diesen Augenblick eines lichtvollen Zusammentreffens von Vergangenheit und Gegenwart aus, dem ein ganz einzigartiger und sogar lokalisierbarer Hauch innewohnt, wie eine archetypische Metapher und offenbarende Dimension der Grenzenlosigkeit. Das Gestern der Generationen, die uns im Erhalt, in den Freuden und Leiden des Jüdischen vorangingen, hat sich in ein Heute verwandelt, das unsere nicht weniger beunruhigenden und leidenschaftlichen Umstände mitgestaltet. Nach hinten schauend lernt man auch die anschauen, die wir in der Gegenwart beobachten. Bei der Beobachtung der Gegenwart haben wir mit unentrinnbarer Verwunderung die Wirksamkeit jenes mehr als viertausendjährigen Wortes wiedererkannt, das uns vorangeht, trägt, befreit, ergreift und unablässig anspornt.

Eingangs haben wir darauf hingewiesen, daß das lateinamerikanische Kapitel ein Hinweis auf das beharrliche Bemühen um Selbstverständnis ist, in dem sich die jüdische Gemeinde in ganz Lateinamerika befindet. Die achtziger Jahre haben im literarischen Leben einen entscheidenden Fortschritt gebracht, der die Hinterfragung und Erkundung der lateinamerikanisch-jüdischen Identität wesentlich vorantrieb. Ein schönes Beispiel dafür sind die ersten lateinamerikanisch-jüdischen Schriftstellerkongresse, die 1986, 1988 und 1992 in der argentinischen Hauptstadt Buenos Aires sowie 1990 in der brasilianischen Megalopolis São Paulo stattfanden. Des weiteren sind sowohl poetische Werke als auch Erzählungen, Romane und Essays hervorgebracht worden, die mit merkenswerter Beredsamkeit die lateinamerikanisch-jüdische Identität in ihrer doppelten Lesart gestalten, für die 1987 eine eigene Literaturzeitschrift mit dem Namen «Noaj» begründet wurde. Dabei handelt es sich um die erste jüdische Zeitschrift für Literatur in Spanisch und Portugiesisch, die in Jerusalem erscheint. In Israel wurde ein Jüdischer Schriftstellerverband in diesen beiden Sprachen begründet. In den achtziger Jahren wurde in den Vereinigten Staaten die Latin American Jewish Studies Association LAJSA gegründet, eine Vereinigung, die etwa 400 Fachleute aus Lateinamerika, den Vereinigten Staaten, Kanada, Spanien, Portugal und Israel versammelt. Das lateinamerikanisch-jüdische Selbstbewußtsein ist nicht zufällig in den achtziger und neunziger Jahren wiedererwacht, als in Lateinamerika die pluralistische Demokratisierungsbewegung einsetzte. Befreit von der Unterdrückung der autoritären und diktatorischen Regierungsformen, findet das Judentum stets die geeigneten Umstände, um sich selbst gewissenhaft zu hinterfragen und auch bestmöglich zu definieren. Dadurch kann die lateinamerikanisch-jüdische Kultur und Literatur nun endlich wieder zu sich selbst finden.

Aus dem Spanischen von Juana und Tobias Burghardt

Alejandra Pizarnik

Der Tod und das Mädchen (Schubert)

Der Tod und das Mädchen
umarmen sich im Walde
verschlingen das Herz der Musik
im Herzen des Widersinns

ein Mädchen trägt einen siebenarmigen Kerzenleuchter
und tanzt hinter den traurigen Musikern her
die auf kaputten Geigen zupfen
um eine grüne Frau herum die ein Einhorn umarmt
und eine blaue Frau die einen Hahn umarmt

im Tiefen
und im Traurigen
gibt es Hütten
die keiner sieht
feuchte Holzhütten
versinken wie Schiffe
– war das also der Begriff des Raumes? –
Kinder in süßer Spannung
und die blaue Frau
schaut mit dem Auge der Freude unmittelbar
auf die wundersame Jahreszeit der toten Hingabe.

La muerte y la muchacha (Schubert)

La muerte y la muchacha / abrazadas en el bosque / devoran el corazón de la música / en el corazón del sinsentido // una muchacha lleva un candelabro de siete brazos / y baila detrás de los tristes músicos / que tañen en violines rotos / en torno a una mujer verde abrazada a un unicornio y a una mujer azul abrazada a un gallo // en lo bajo / y en lo triste / hay casitas / que nadie ve / de madera, húmedas / y hundiéndose como barcos, / ¿ era esto, pues, el concepto de espacio? / criaturas en dulce erección / y la mujer azul / con el ojo de la alegría enfoca directamente / la taumaturga estación de los amores muertos.

Asche, Asche

Wir haben Wörter gesprochen,
Wörter, um Tote zu wecken,
Wörter, um ein Feuer zu machen,
Wörter zum Hinsetzen
und Lächeln.

Wir haben die Predigt erschaffen,
die Vogelpredigt und die Predigt des Meeres,
die Wasserpredigt,
die Predigt der Liebe.

Wir haben uns hingekniet
und lange Sätze verehrt
wie das Seufzen des Sternes,
Sätze wie Wellen,
Sätze mit Flügeln.

Wir haben neue Namen erfunden
für den Wein und das Lachen,
für die Blicke und ihre fürchterlichen
Wege.

Ich bin jetzt allein
– wie die Knauserige im Fieber
auf ihrem Berg aus Gold –
und werfe Wörter zum Himmel,
aber ich bin allein
und kann meinem Geliebten
jene Wörter nicht sagen, für die ich lebe.

Cenizas

Hemos dicho palabras, / palabras para despertar muertos, / palabras para hacer un fuego, / palabras donde poder sentarnos / y sonreír. // Hemos creado el sermón / del pájaro y del mar, / el sermón del agua, / el sermón del amor. // Nos hemos arrodillado / y adorado frases extensas / como el suspiro de la estrella, / frases como olas, / frases con alas. // Hemos inventado nuevos nombres / para el vino y para la risa, / para las miradas y sus terribles / caminos. // Yo ahora estoy sola / – como la avara delirante / sobre su montaña de oro – / arrojando palabras hacia el cielo, / pero yo estoy sola / y no puedo decirle a mi amado / aquellas palabras por las que vivo.

Die großen Wörter

für Antonio Porchia

noch ist nicht jetzt
jetzt ist nie

noch ist nicht jetzt
jetzt und immer
ist nie

Vergeßlichkeit

Obwohl die Stimme (ihr Vergessen
mich zu Schiffbrüchigen macht, die ich bin)
in einem versteinerten Garten wirkt,

erinnere ich mit allen meinen Leben,
warum ich vergesse.

Aus dem Spanischen von Juana und Tobias Burghardt

Las grandes palabras

a Antonio Porchia

aún no es ahora / ahora es nunca // aún no es ahora / ahora y siempre / es nunca

Desmemoria

Aunque la voz (su olvido / volcándome náufragas que son yo) / oficia en un jardín petrificado // recuerdo con todas mis vidas / por que olvido.

Cristina Piña

Alejandra Pizarnik (1936–1972): Judentum und Fremdheit

es ist der Ungleiche es ist der Gezeichnete der Kaputte
... es ist der Einsame der Dunkle der Andere der Rest
Amelia Biagioni

Wer die Gedichte der in Buenos Aires geborenen Lyrikerin Alejandra Pizarnik unvorbereitet und ahnungslos liest, wird darin kaum merkliche Spuren ihrer jüdischen Herkunft auffinden. Zehn Jahre nach ihrem Tod stellten Olga Orozco und Ana Becciú die Sammlung «Texte des Schattens und letzte Gedichte» aus ihrem Nachlaß zusammen. Auch darin finden wir kaum etwas, das auf ihre jüdische Identität verweist. Es gibt lediglich drei Hinweise. Dabei handelt es sich um drei Gedichte, die sie selbst zu Lebzeiten nicht veröffentlichte.

Im Prosagedicht «Die Toten und der Regen», das ein erstes poetisches Echo auf den Tod ihres Vaters im Jahre 1966 war, wird vom jüdischen Friedhof als «diesem gräßlichen Ort» gesprochen, an dem «kleine schwarze Männer Klagelieder von Umherirrenden singen, verlorene Dichter», die in lange Obergewänder gekleidet sind. Dieser lyrische Text endet mit folgendem Zitat aus dem Talmud: «Gott hat drei Schlüssel: den des Regens, den der Geburt, den der Auferstehung der Toten.»

Im berühmten Gedicht «Der Tod und das Mädchen (Schubert)» heißt es beispielsweise: «ein Mädchen trägt einen siebenarmigen Kerzenleuchter / und tanzt hinter den traurigen Musikern her / die auf kaputten Geigen zupfen.»

Und in einem titellosen Kurzgedicht aus dem Jahre 1972 wird die Kindheit mit einem Golem verglichen: «Schattenhaft wie ein *Golem* ist die Kindheit vergangen ...»

Wenngleich sich kaum weitere Textspuren finden lassen, hat dies im Grunde wenig Bedeutung, denn die innere Zugehörigkeit zur jüdischen Tradition drückt sich vor allem in ihrer zentralen Metaphernsprache für das *«Umherirren»* und die *«Fremdheit»* aus.

Ebenso haben ihre nächsten Freunde von ihrem eigenen Witz und humorigen Esprit berichtet, den sie an den Tag legte; und in der intimen Zusammenstellung ihrer persönlichen Bibliothek fand sie am Ende ihres Lebens zu den großen Werken ihrer kulturellen Tradition zurück.

Der tiefere Sinn und die Gestaltung ihres poetischen Hauptthemas – das *Umherirren* und die *Fremdheit* – steht in engstem Zusammenhang mit gewissen Details ihrer Biographie. Sie geben entscheidende Aufschlüsse über die Unmöglichkeit, in einer Heimat, in einer Sprache, in einer Tradition zu verwurzeln, und verweisen ihre Stimme und die Schritte ihres kurzen Lebens auf die geheimnisvolle Gestalt der umherirrenden Jüdin. Alejandra Pizarnik starb mit 36 Jahren – oder beging Selbstmord, denn man weiß nicht mit letzter Gewißheit, ob ihre finale Geste, 50 Schlaftabletten in jener Nacht vom 24. September 1972 einzunehmen, freiwillig geschah oder das Ergebnis einer Verwirrung war, die durch den übermäßigen Gebrauch von Beruhigungsmitteln und Amphetaminen verursacht wurde, die sie am Ende ihres Lebens regelmäßig einnahm.

Die Eltern von Alejandra, Elías Pizarnik und Rosa Bromiker, kamen aus der Ukraine und erreichten Argentinien im Jahre 1934 auf der Flucht vor einem Europa am Rande der Katastrophe, in dem es nicht nur keine Arbeit im ukrainischen Heimatort Rowne gab, sondern auch noch die Nazischergen ihr beginnendes Unwesen trieben. Alle Familienangehörigen der Pizarniks und der Bromikers, die in Europa verblieben, wurden umgebracht – mit Ausnahme eines Bruders von Elías Pizarnik, der sich in einem Außenbezirk von Paris niederließ. Die Abkehr vom Alten Kontinent und die Ankunft in Buenos Aires bedeutete für sie, wie für viele andere mitteleuropäische Einwanderer, eine große Umstellung: die neue spanische Sprache, das eingeschränkte Festhalten an den eigenen Wurzeln, die neuen Gewohnheiten und Umgangsformen, die neuen Orte, die neuen Freunde. Die Tradition wurde natürlich durch die religiösen Feste und Festlichkeiten und die Gemeinde der mitteleuropäischen Juden in Buenos Aires bewahrt, in deren Nähe und Umfeld sie ihre Kinder, Myriam und Flora, erzogen; neben der öffentlichen Schule lernten sie Jiddisch und die Geschichte ihres Volkes in der jüdischen Zalman-Reizien-Schule von Avellaneda.

Dennoch wirkte diese Entwurzelung in ihr weiter, und so wiederholte sich das Bewußtsein der Fremdheit in ihren Gedichten und in der Notwendigkeit, eine eigene Sprache, eine eigene Heimat zu finden: ihr poetisches Israel. Sie wählte zudem einen eigenen Namen, der ihre wahre Identität aufschlüsselt: Alejandra. Ihr poetischer Weg und Lebenslauf wurden durch ihren Geburtsnamen *Flora* und die Spitznamen der Kindheit, *Blümele und Buma*, geprägt. Insgesamt kann dies als tiefe Spur ihrer Zugehörigkeit zu einem Volk angesehen werden, dem kein Ort auf der Welt zugesprochen wurde. Seit ihrer Einwanderung mußte sie in der Sprache anderer und in der Heimat anderer die eigene Sprache und Heimat wiederentdecken. Von der Geste der Namensgebung als «Alejandra», das für die Feste und das äußerste Risiko der Poesie anstelle des familiären Flora gewählt wurde, bis zu ihrer Anverwandlung der Gestalt des «poète maudit» als Instanz der künstlerischen Selbstverwirklichung, geht ihr persönlicher Werdegang, der im Wort die wahre Heimat erkennt. Im Jahr 1960 unternimmt sie eine mythische Reise nach Paris, die die väterliche Pilgerfahrt auf der Suche nach einem Lebensort genau umkehrt. Alejandra vollzieht diese rituellen Gesten, um auf der Ebene des Wortes den Raum zu errichten, den die Wirklichkeit ihrer Herkunft ihr verwehrt hat: «Ich, die Pilgerin, bin zu der gegangen, die in einem Land zum Winde schläft.»

Das Jüdische ist bei ihr schon nicht mehr eine einverleibte Tradition, in der man verwurzeln kann, sondern das Bewußtsein des Ausschlusses, des Umherirrens und der Fremdheit; ebenso in ihrer extremen Ausdrucksform, die eine fast metaphysische Form des Waisentums darstellt: «Ich habe mein Waisentum aufgeschlagen / wie eine Landkarte.» Ein Waisentum, das sich nicht nur in ihren Gedichten, sondern auch in ihrem Tagebuch wiederfindet: «Ich bin nur noch eine stille Verwaiste, taub und stumm, Tochter von etwas, das sich hinkniet, und von jemandem, der fällt.» Denn im Judentum liegt der Schlüssel der Immigration und ausgerissenen Wurzeln, der massakrierten Familie in Rußland und der Zweisprachigkeit, die ihre Eltern aufrechterhalten.

Wenn man also das Bewußtsein für den durch die Herkunft geprägten Ausschluß betrachtet, bekommt ihr Verständnis für die Poesie eine intensive Bedeutung als «der Ort, an dem alles möglich ist», ebenso wie in der Liebe, im Humor, im Selbstmord und in der Musik: «Ich wollte in die Klaviatur hineinkommen, um in die Musik hineinzukommen, um eine Heimat zu haben.» Alle diese Momente zeigen sich nicht allein als Ort des Wiedertreffens und Zusammenkommens, sondern als Metaphern des Gelobten Landes, das literarische Rowne, wo man «das Land zum Winde» mit dem ausgleichen und versöhnen kann, das durch Intoleranz

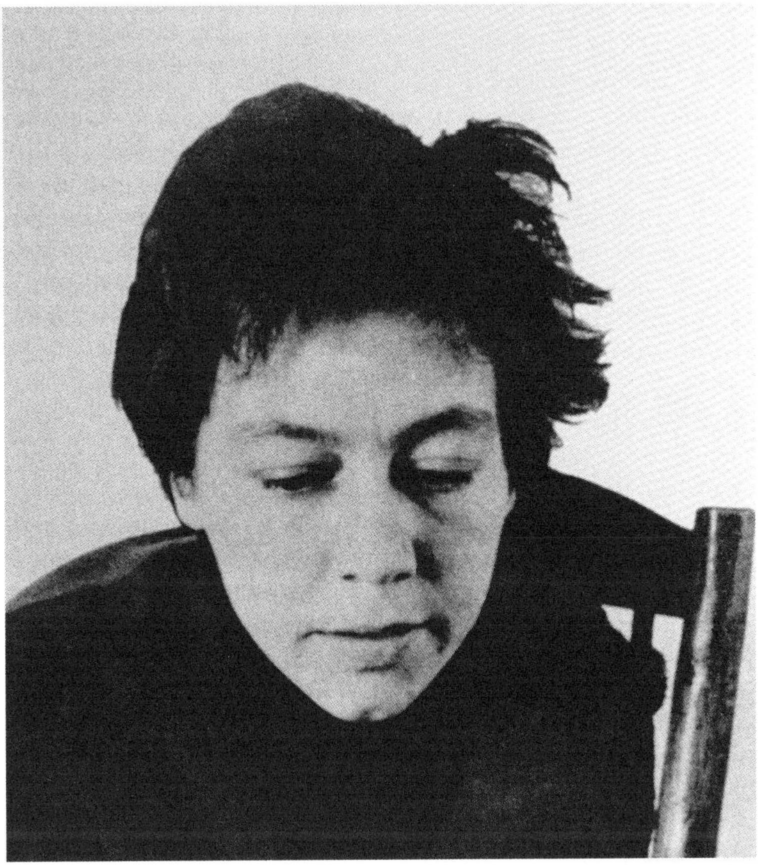

Alejandra Pizarnik

ihren Vorfahren versagt wurde und im Familiengedächtnis zum Umherirren auf der Suche nach einem Land des Wortes führte.

Aber das Wort ist, wie sie schmerzlich feststellte und in ihren letzten Gedichten sagte, weder Heimat noch Zuflucht; so bekräftigte es zwei Jahrhunderte zuvor Hölderlin im Kontext einer Welt, die noch ein absolutes Vertrauen in die Sprache als Wohnstätte des Seins haben konnte. Das Wort ist die Witterung und Trostlosigkeit, wie sie es selbst in einem ihrer letzten Gedichte formuliert: «Die abgeschnittene Muttersprache / die Sprache ist ein Erkenntnisorgan / für das Scheitern jeden Gedichts / das von ihrer eigenen Sprache abgeschnitten ist / die das Organ der Wieder-Erschaffung / der Wieder-Erkennung ist / aber nicht der Wieder-Geburt ...»

Deshalb wird die Pilgerschaft mit dem Tod als letzter und unmöglicher Ort der Verwurzelung beendet.

Die Schritte der umherirrenden, aber auch der überzeugten Jüdin, die mehr oder weniger bewußt die Grenze des Ausschlusses wählte, begründen ihr Leben und ihr Wort. Auf der Seite des Bewußtseins steht ihre lebensgestaltende Wahl des «poète maudit» als einer poetischen Lebenshaltung (mit folgenden Charakterzügen der Selbstmarginalisierung: eine heterodoxe Sexualität, Drogen und Alkohol als Zugang zur äußersten Geistesgegenwart des Schreibens, lange Nächte und Bewußtseinszustände der Grenzerfahrung sowie die Absage an die Arbeitswelt der bürgerlichen Gesellschaft). Dazu zählt in den letzten Lebensjahren auch ihre leidenschaftliche Rückbesinnung auf gewisse wichtige Bücher ihrer kulturellen Tradition. Einige ihrer Freunde erzählten, daß Alejandra zuletzt häufig davon sprach, daß es notwendig sei, die Wurzeln der eigenen Tradition wiederzufinden. Sie las Kafka, dessen Werke zu ihren Lieblingsbüchern zählten, wie eine Bibel. Auf der unbewußteren Seite steht die Anwesenheit des Jüdischen in ihrer eigenwilligen «humorvollen» Ausdrucksweise, in der die «an den Haaren herbeigezogenen» Begriffsketten, durch die ihr Gedankenfluß sich entwickelte, für einige nach einer parodierten Fassung des kabbalistischen Denkens klangen, eine Wahrnehmung, die durch den typisch jüdischen Akzent ihres überschwenglichen Humors auffiel.

Es bliebe noch zu sagen, daß zum Beispiel ihre Art, Spanisch zu sprechen, von einer ihrer nächsten Freundinnen, Ivonne Bordelois, die gar nicht wußte, daß Alejandra wirklich Jiddisch gelernt hatte, von ihr nicht als Spanisch, sondern als Jiddisch aufgefaßt wurde. Weitere wichtige Aspekte können bei tieferer Kenntnis der jüdischen Tradition hervorstechen, weshalb für mich – trotz meiner fehlenden Kenntnis der jüdischen Tradition – dennoch feststeht, daß trotz der wenigen jüdischen Bezugspunkte an der Oberfläche ihrer Gedichte das Jüdische eigentlich ein strukturierender Faktor ihres Werkes und ihrer poetischen Haltung ist. Sie hat dies selbst in einem ihrer Gedichte ausgedrückt: «... jedes Wort sagt, was es sagt, und noch mehr und etwas anderes.»

Aus dem Spanischen von Juana und Tobias Burghardt

III

Länderkunde Vietnam

Hinweis der Übersetzerin

‹Jene Nacht›, eine rührselige Geschichte, die ihr Autor Phung Gia Loc, ein Provinzjournalist und Dorfschullehrer, weniger als Literatur, sondern in erster Linie als Tatsachenbericht verstanden wissen wollte, erschien 1988 in der Literaturzeitung Van Nghe *(Literatur und Kunst). Mit ihrer Entscheidung, diese Geschichte zu veröffentlichen, provozierte das Organ des nationalen vietnamesischen Schriftstellerverbandes sowohl Stürme der Empörung als auch der Begeisterung. In einer Flut von Leserbriefen drückten sich die unterschiedlichsten Meinungen über ‹Jene Nacht› aus, einige so originell oder kontrovers, daß sie wiederum Anlaß zu neuen Reaktionen gaben. Populäre Tageszeitungen griffen die Debatte auf und schürten das öffentliche Interesse mit immer neuen ‹Enthüllungen› über den tapferen – oder impertinenten – Phung Gia Loc, ‹der seine Stimme erhoben hatte›. Anders als in* Van Nghe*, wo sich die Diskussion schnell über den Rahmen der Geschichte hinaus ins Politische vorwagte, verließen Phung Gia Locs Kollegen der staatlich kontrollierten Presse kaum den sicheren Boden des Trivialen und Biographischen.*

Die hier ausgewählten Texte stammen aus den Jahren 1988 bis 1992, der Erstveröffentlichung von ‹Jener Nacht› bis zum Tod ihres schwer asthmakranken Autors. Dieser Zeitraum umschreibt auch die Hochphase eines Reform- und Öffnungskurses, einer ‹Erneuerung› unter dem Schlagwort Doi Moi*, den der sechste Parteitag 1986 eingeläutet hatte. Ein Jahr später initiierte der damals amtierende Parteichef Nguyen Van Linh eine vorsichtige ‹Entfesselung› der Kunst und Kultur. Der Herausgeber von* Van Nghe*, Nguyen Ngoc, nahm diese Einladung der Parteiführung an Schriftsteller und Künstler, ‹sich fortan frei, wenn auch verantwortlich› in Schrift und Bild zu äußern, beim Wort und etablierte seine Wochenzeitung über Nacht als wichtigstes Forum der sogenannten* Doi-Moi-*Literatur. Gerüchten zufolge kostete ihn seine vergleichsweise radikale Auslegung von literarischer Meinungsfreiheit bereits 1988 seine Position als Verleger – Vorzeichen der frühen neunziger Jahre, in denen erneute Unsicherheiten in der staatlichen Toleranz und eine allgemeine Konzentration auf individualwirtschaftliche Interessen diese Literatur zunehmend marginalisieren sollten.*

Die Texte des folgenden Dossiers erschienen zuerst in englischer Übersetzung von Hans Schodder und mir in Manon (A Pacific Journal of International Writing, 7 [1995], University of Hawaii Press). *Die Übersetzer danken Nguyen Nguyet Cam für ihre Hinweise auf diese ‹Affäre› und ihre Hilfe bei der Suche nach den interessantesten Briefen und Zeitungsartikeln zu Phung Gia Loc und seiner Geschichte ‹Jene Nacht›.*

Birgit Hußfeld

Phung Gia Loc

‹Jene Nacht ... Welch eine Nacht!›

Eine wahre Geschichte

Ende 1983 erhielt ich die Erlaubnis, zu Hause zu bleiben, während die endgültige Entscheidung über meine frühzeitige Pensionierung vom Staatsdienst getroffen wurde. Eines Sonntagnachmittags flüsterte mir der kleine Hoc, mein Sohn, aufgeregt ins Ohr: «Ich habe Onkel Quang ertappt, als er Reismehlrollen an Minhs Stand gegessen hat. Er ist mit viel Kassava vom Phuc-Dia-Markt zurückgekommen. Er hat mir ein paar Bündel angeboten, aber ich habe nichts genommen. Er hat mir gedroht, niemandem zu erzählen, daß ich ihn getroffen habe. Er hat gesagt, wenn ich es weitererzähle, dann schlägt er mich tot, wenn er das nächste Mal vorbeikommt.»

«Aha! So also jetzt ...», rutschte mir unbedacht vor meinem Sohn heraus. Ich schwieg. Wir waren Freunde und Kollegen, doch er hielt nicht bei mir an, wenn ihn sein Weg durch meine Gasse führte?

Am Montag morgen ging ich zu meiner Dienststelle, um einige Kilogramm Reis Vorschuß abzuholen – fest entschlossen, ihm persönlich meine Meinung zu sagen. Le Trung Quang, der Personalchef des Tho-Xuan-Volkskomitees, begegnete meinen Anschuldigungen mit einem besänftigenden Lächeln und in einer gutgemeinten, wenn auch herablassenden Art und Weise: «Wäre ich alleine gewesen, dann hätte ich natürlich bei dir angehalten. Aber wir waren zu viert. Es wäre zuviel für dich geworden, uns alle zu bewirten. Außerdem hatten wir vier schwerbeladene Fahrräder dabei und mußten uns vor der Abenddämmerung in acht nehmen.»

Selbst er, der Leiter des Bezirkspersonalbüros, ließ seine eigene Familie, Frau und Kinder, hungern. Mit seinen nackten, spindeldürren Beinen sah er noch schwächer aus als ich – ich, der ich mich schon bald als ‹Halb-Normalbürger› bezeichnen konnte. «Um uns steht es auch schlecht. Nach den Abgaben ist kein Reis mehr übrig. Wir haben Schwierigkeiten, bis zum Neujahrsfest durchzukommen», sagte Quang kopfschüttelnd. Dann wandte er sich an mich: «Bleib heute nacht doch hier und leiste mir ein wenig Gesellschaft. Ich bin so deprimiert.»

Ich verwies auf die Ration Reis, die hinten auf meinem Fahrrad festgezurrt war, und antwortete Quang: «Ich muß die ‹strategischen Waren› zu Hause abliefern.»

Wäre ich Le Trung Quangs Einladung gefolgt, die Nacht bei ihm zu verbringen, ich hätte mir beim besten Willen keine Vorstellung von *jener Nacht*, die über Phu Yen, meine Kommune, hereinbrechen sollte, machen können.

Mit dem von Le Trung Quang geborgten Fährpaß ersparte ich mir die drei Dong für die Überfahrt. Auf der anderen Seite des Chu-Flusses blies mir der Wind so kalt um die Ohren, daß ich den Rand meiner Mütze tief herunterziehen mußte. Bei Anbruch der Dämmerung kam ich zu Hause an. Unser schwarzer Hund begrüßte mich laut bellend und sprang freudig bis an meine Hüften hoch. Meine Frau saß, mit unserem Kleinsten Van schlafend im Arm, neben dem Kohleherd, der alte Gummireifen verbrannte und dichten, schweren Rauch ausstieß. Der kleine vierjährige Thuc saß vor sich hin plappernd daneben. Hoc, unser Ältester, machte im Zwischengeschoß darüber seine Hausaufgaben.

Als er mich kommen hörte, rief der kleine Thuc voller Freude:

«Papa! Papa ist da, Papa ist zurück! Hast du was für mich mitgebracht, Papa?»

«Ja, diese bittere Kälte!»

Das gesagt, schob ich mein Fahrrad ins Haus, band die Reissäcke los und brachte sie stolz zur Küchenstelle: «Fünf Kilogramm Vorschuß hab ich bekommen!»

Auch die alte Großmutter, meine Mutter, hatte mich gehört. Auf ihren Stock gestützt, kam sie in die Küche herunter, um sich ein wenig aufzuwärmen: «Hocs Mutter, koch Reis für seinen Vater!»

«Ihr habt wohl alle schon gegessen, Mutter?» fragte ich.

Der kleine Thuc, der nicht einmal das kleinste Geheimnis für sich behalten konnte, sagte: «Nur Großmutter und mein kleiner Bruder haben Reis bekommen! Mama, Hoc und ich haben Reisschleimsuppe mit Kraut gegessen. Mama, koch ganz viel Kohl für das Abendessen, ja?»

Tränen stiegen mir in die Augen. «Also, dann koch gleich mehr mit. Wenn nichts mehr übrig ist, durchwühle ich die Erde mit meinen eigenen Händen, pflücke Gras, geh betteln und flehe die Vorfahren um Hilfe an. Wie soll man als Mensch leben ohne eine Portion gekochten Reis im Bauch?»

Meine Frau schien entschlossen, einen Streit vom Zaun zu brechen, hielt jedoch inne und reichte den kleinen Van an Großmutter weiter, öffnete einen der Reissäcke und begann, etwas davon zum Kochen vorzubereiten. Die alte Großmutter sagte: «Der Kohl ist auf dem Markt übriggeblieben! Obwohl sie hungrig sind, kaufen die Leute keinen. Heute hatte seine Mutter nicht genügend für Reis. Wir können froh sein, daß wir wenigstens das hier haben. Wie würden wir sonst die Kinder füttern ...»

Draußen vor der Tür tobte der Wind. Lautes Hundegebell drang vom nahe liegenden Weg herüber, dann eine Stimme, die uns bat, Kohl zu verkaufen. Es war Tante Hoa, Onkel Duocs Frau. Hoa gehörte auch zur Familienlinie der Phung, trotzdem nannte sie mich respektvoll Onkel – ‹älterer Bruder des Vaters›. Ihr Ehemann war Leiter der Produktionseinheit gewesen. Danach war er zum Vorsitzenden des Planerfüllungskomitees aufgestiegen, dann zum Vizedirektor. Schwatzend und fröstelnd kam sie in die Küche: «Dieses Jahr wird es aber früh kalt! Tante, kannst du mir etwas Kohl verkaufen?»

Meine Frau stellte den Reistopf auf den Herd. Großmutter und die Kinder mußten den beiden Frauen ihren Platz neben der Feuerstelle räumen. Hoa wärmte sich ihre von der Kälte tauben Hände. Die Finger glichen in ein Magazin gepreßten Patronenhülsen. Obwohl sie nahezu gleichaltrig war und zu einer Nebenlinie der Familie gehörte, sprach sie meine Frau respektvoll mit Tante – ‹ältere Schwester des Vaters› – an.

«Tante, hast du etwas Gans oder Huhn? Irgend etwas, wovon du mir ein paar Kilo verkaufen könntest? Der Preis spielt keine Rolle.»

«Es gibt da noch ein paar ... aber die sind reserviert für später, für Großmutters ...»

Ich warf meiner Frau einen drohenden Blick zu, um ihre unachtsame Rede zu stoppen. Meine Mutter war schon sehr alt und schwach. Ihr 75jähriges Gesicht, aufgedunsen und zerfurcht, erinnerte an gelbes, überreifes Fallobst. Alle sagten, sie würde kaum den Winter überstehen. Deshalb hatte unsere Familie heimlich alle Vorbereitungen für den Tag getroffen, an dem sie in die Unterwelt eintreten würde. Was es auch sein mochte, meine Frau sagte immer: «das ist reserviert für später, für Großmutters ...» Dieser Satz wurde so geläufig in unserem Hause: Die Arekanüsse waren schon vorsichtig getrocknet und gelagert *für Großmutters*; der Stoff für die Trauerkleidung eingekauft *für den Tag*; sogar die paar Groschen, die meine Frau durch den Verkauf von Gemüse verdiente, wurden für das Holz des Sarges auf die Seite gelegt, *für Großmutters* ... Wurde das Thema direkt angesprochen, reagierte die alte Frau gekränkt und irritiert: «Ihr könnt meinen Tod wohl kaum mehr abwarten? Ich muß so lange weiterleben, bis ich meine Kinder und Enkelkinder glücklich sehe. Nach all dem Elend ...»

Um von der Bemerkung meiner Frau abzulenken und Proteste meiner Mutter im Keim zu ersticken, fragte ich Hoa: «Wie kommt's, daß du so spät in aller Eile einkaufst?»

«Ach ... das ist für die Männer, die zu unserer Einheit kommen, um Eigentum von denen zu konfiszieren, die Steuern schulden. Die Produktionseinheit und Steuerverwaltung haben mich angeworben, um für sie zu kochen – damit sie nach getaner Arbeit was zu futtern kriegen.»

Da ihr Ehemann für die Verwaltung arbeitete, war Hoa eine, die ‹viele interne Geheimnisse› kannte. So ließ sie meine Frau beiläufig wissen, daß die kommende Nacht eine Nacht ‹des Massenaufstandes› sein würde. Ausstehende Ernteabgaben in Reis würden in der ganzen Kommune eingetrieben. Die Polizei und Miliz einer Produktionseinheit würden jeweils eine andere durchsuchen, um sicherzugehen, daß ihnen auch kein Körnchen entginge. Weil unsere Einheit Nummer 12 am schwersten verschuldet war, würden die unerbittlichsten Steuereintreiber mit Sicherheit hierher geschickt werden. Hoa riet mir: «Falls du Reis schuldest, nimm dich in acht und laß dir was einfallen, Onkel!»

«Für diese Kerle verkaufe ich dir kein Gemüse!» Meine Frau war drauf und dran, ihr den Kauf zu untersagen, aber Hoa redete unablässig auf sie ein, und auch ich riet ihr gut zu, bis sie schließlich nachgeben mußte. Hoa trug die Öllampe in den Garten, um meiner Frau beim Ernten zu leuchten. Sie nahm das Gemüse und ging zu den benachbarten Häusern, um nach Hühnerfleisch zu fragen. Als der Reis fast fertig war, stellte ich den Topf neben das Feuer. Ohne Süßkartoffeln oder Kassava garte er sehr viel schneller als sonst. Als ich sah, daß der Reis allein für mich zubereitet war, zog sich mein Herz zusammen. Meine Frau wickelte den Kleinsten in Decken und brachte ihn zum Schlafen in die Kammer, dann reichte sie mir Eßstäbchen und -schale. Kein Familienmitglied wollte meiner Einladung, mir beim Essen Gesellschaft zu leisten, folgen, so schlang ich schnell zwei Schalen Reis mit etwas saurer Brühe aus eingemachtem Kohl in mich hinein und beließ es dabei. Großmutter und ich redeten auf Thuc ein, er solle doch auch etwas essen. Er aber schüttelte nur den Kopf und wagte es nicht, den übriggebliebenen Reis anzunehmen. Er fürchtete seine Mutter. In diesem Hause hatte die Mutter unanfechtbare Autorität. Mir dessen wohl bewußt, war ich selbst auf dem besten Wege, von ihr abhängig zu werden …

In der Küche sitzend, fragte ich sie: «Wieviel Reis sind wir der Kooperative noch schuldig, Liebling?»

Sie antwortete mir nicht, sondern platzte unkontrolliert heraus: «Falls wir es gewußt hätten, hätten wir besser in den Reis gepißt, anstatt ihn nach Hause zu bringen. Verdammtes Leben! Erst wird groß verkündet, wir können behalten, was wir von den überschwemmten Feldern retten – alle stürzen sich in die Fluten, um noch die letzte Reispflanze zu ernten –, nur um dann doch zur Kasse gebeten zu werden. Verringerte Quoten, heißt es jetzt.»

Ich tröstete sie: «Laß es gut sein, Liebling! Das ganze Dorf ist von der Flutkatastrophe betroffen. Jetzt sag mir, wieviel fehlt uns an Ernteabgaben?»

«Zwei Zentner und zwölf Kilogramm. Ich habe Leiter Nhan unsere Situation schon erklärt. Tatsache ist, daß jedes gerettete Kilo Reis bereits aufgegessen ist. Seit einiger Zeit haben wir nur zu essen, wenn ich Gemüse auf dem Markt verkaufen kann. Wenn nicht, müssen wir hungern. Ich habe schon um Aufschub der Steuerzahlungen gebeten. Falls er uns nicht gewährt wird, dann wird dieses Haus … sollen sie doch kommen, um es auseinanderzunehmen …»

«Sprich sanfter, mein Liebling! Geschickte Händler verlieren gegenüber guten Rednern. Unsere Familie, Kinder und Nachfahren, haben immer noch ein Leben in diesem Dorf.»

Den Tränen nahe, erwiderte meine Frau: «Es wäre besser, einfach Rattengift unter den Reis zu mischen, dann sterben wir alle zusammen für ein glücklicheres Leben …»

Wir saßen sehr lange neben dem offenen Feuer des Herdes, bis die Gummireifen ausgebrannt waren und nur noch zwei, drei Häufchen rauchender Schlacke zurückblieben. Niemand wollte mehr sprechen. Großmutter saß noch lange mit uns, erschöpft und der Unterhaltung müde, bevor sie schließlich zu Bett ging. Der kleine Hoc machte seine Mathematikaufgaben fertig, brachte ihr einen wärmenden Topf glühender Kohlen, dann legte auch er sich in der Küche schlafen. Neben dem Herd baute er sich ein Nest aus Stroh, klemmte ein Holzbrett zwischen Herd und Strohbett, breitete seine Matte darüber aus und legte sich, die Decke fest an sich gedrückt, hin. «Hier schlafen ist schön warm, Papa!»

Im Bett weinte sich unser Jüngster, Van, leise in den Schlaf, er hatte sich wohl den Popo naß gepinkelt. Seine Mutter sah nach ihm und fand, daß wir richtig vermutet hatten. Sie trug ihn in die warme Küche hinunter, wo er in ihren Armen einschlummerte. Fast schon ein Jahr alt, konnte er immer noch keinen Reis essen. Wie ein neugeborenes Kälbchen zog er die Brüste seiner Mutter vor. Oh, wie er nuckelte! Ich scherzte mit den anderen beiden Kindern, damit ihr Kichern die bedrückende Stimmung aufheiterte.

Es war schon fast Mitternacht, als die ganze Familie endlich schlief. Ich teilte mir mit den beiden mageren Jungen das Strohnest neben dem Herd. Ein Gefühl nahenden Unheils lag in der Luft.

Plötzlich füllte der Lärm von improvisierten Gongs, die unablässig geschlagen wurden, die ganze Nachbarschaft: ihr Klang breitete sich wie eine Kettenreaktion von Einheit 1 bis 15 aus. Die öffentliche Lautsprecheranlage, auf voller Kapazität, verkündete den Getreidemobilmachungsplan und die entsprechenden Anordnungen des Provinzvolkskomitees. Hoang Van Nhan, der Leiter der Einheit 12, verlas über Lautsprecher eine Liste der Haushalte, die Reisabgaben an die Kooperative schuldeten. Alle Kreuzungen waren hell erleuchtet. Wie laut bellten die Hunde! Ebenfalls über das Lautsprechersystem rief der Vorsitzende der Kommune alle Kader zu einem Treffen in der Zentrale der Einheit 12 zusammen. Der Polizeichef der Kommune, Nguyen Dinh Dinh, schrie sich seine Stimme über das Mikrophon heiser, als er die bewaffnete Volksmiliz und die verstärkten Polizeikräfte befehligte, bei der Mobilisierung der Einheit 12 zu assistieren. Mich schauderte bei der plötzlichen Einsicht, daß unsere Einheit das Hauptziel dieser Aktion sein sollte, daß die Kader der Kommune und Kooperative sich allesamt hier einfinden würden. Viele Dutzende von Zentnern Reis würde man den Verschuldeten abpressen.

Kurz vor ein Uhr morgens waren Polizei und Miliz in alle verschuldeten Häuser eingefallen. Hundegebell und schrilles Quieken der Schweine, als würden sie geschlachtet, ließen den kleinen Van laut aufheulen und sich an seine Mutter klammern. Selbst der kleine Thuc war auf einmal ganz still und drückte sich fest an mich. Er wagte kaum, sich zu bewegen. Das Haus des Herrn Ai, von dem unseren nur durch einen Garten und eine Zaunreihe getrennt, wurde von der Polizei und Miliz durchsucht. Die flehenden Stimmen von Ai und seiner Frau drangen bis zu uns herüber und auch die Schreie und Befehle – ich verstand jedes einzelne Wort: «Konfisziert das Fahrrad! Thermoskanne, Wassereimer! Alles mitnehmen!»

An meiner Hauspforte ließen sich gedämpfte Schritte vernehmen. Unsere trächtige schwarze Hündin steckte jaulend einen Fußtritt ein.

Poch, poch, poch.

«Tür öffnen!»

Poch, poch, poch.

«Schwester, Frau Loc, öffne die Tür!»

Der Kleinste in der Kammer weinte auf, der kleine Thuc hielt mich fest umklammert und fiel in das Heulen seines Bruders ein. Selbst Hoc, schon zwölf Jahre alt und in der achten Klasse, hing zitternd an mir. Als ich die Rufe zum zweitenmal hörte, kam ich von der Küche angelaufen. Der Strahl einer Taschenlampe traf mich mitten ins Gesicht und blendete mich so, daß ich die Hände schützend vor die Augen halten mußte. «Was gibt's, junge Freunde?»

«Reis konfiszieren! Die Reisabgaben eintreiben, die du noch schuldig bist. Was denn sonst. Frag nicht so dumm!»

Meine Frau hatte die Türe weit geöffnet, in ihren Armen hielt sie immer noch den regungslosen Kleinen. Ein, zwei ... vier junge Männer stürmten ins Haus. Der erste war groß und kräftig gebaut, seine langen wilden Haare waren im Tango-Stil frisiert, er trug überweite Baumwollkleidung, leuchtete mit seiner Taschenlampe umher, bis er ein Streichholz fand und die Öllampe auf dem Altar ansteckte. Vielleicht war er ‹Tam der Riese›. Richtig, ich hatte ihn schon einmal als Verteidiger im Mittelfeld gegen eine andere Kommune Fußball spielen sehen. In der Hand hielt er ein eisernes Brecheisen, so dick wie ein Daumen. Meine Frau lud sie ein, sich hinzusetzen. Großmutter lag kränkelnd auf dem Bett, richtete sich aber dennoch auf, um sie mit zitternder Stimme zu begrüßen.

«Nach der Liste der Produktionseinheit schuldet ihr noch mehr als einhundert Kilo Reis. Wir fordern euch auf, diese Schuld jetzt sofort und voll zu begleichen!»

Großmutter antwortete schnell für ihre Schwiegertochter: «Liebe Onkel und ältere Brüder! Wir haben nichts mehr. Sehen Sie denn nicht, wie blaß die Kinder vor Hunger sind? Sehen Sie denn nicht, wie alt und kank ich bin, verrunzelt wie gelbes Laub?»

«Dich fragen wir nicht, altes Weib, verstanden?»

Alle vier leuchteten mit ihren Taschenlampen in alle Ecken des Hauses, im Schuppen, Küche und Kammer. Zwei von ihnen durchsuchten sogar den Gemüsegarten. Meine Frau schluchzte: «Warum sollte da draußen wohl Reis versteckt sein? Ihr zertrampelt nur mein Gemüse.»

Ich rannte zur Zentrale der Produktionseinheit, fest entschlossen, einem Kader unsere Situation zu erklären. Dort stand der Vorsitzende Phe, der früher zusammen mit mir unterrichtete, dann nach seiner Armeezeit den Lehrberuf aufgab, um in die oberen Ränge des Parteiexekutivkomitees aufzusteigen. Als ich ihn sah, war ich sehr erleichtert und beruhigte mich um so mehr, als ich auch Phung Gia Mien, meinen Cousin, den damaligen Sekretär des Parteikomitees, erblickte. Sie aber kehrten mir den Rücken. Mien flüsterte mir zu: «Geh nach Hause und bring deine Familie dazu, ihre Schuld zu begleichen. Unsere Familie sind Kader. Falls du keinen Reis mehr hast, kannst du auch in Bargeld bezahlen. Die Führung hat beschlossen, daß auch Geld akzeptiert wird.»

Ich schickte mich an zu fragen: «Ohne Reis im Haus, wie zum Teufel sollte ich irgendwelches Bargeld haben?» Aber mein Cousin sprach in beschwichtigendem Ton weiter: «In der anderen Produktionseinheit hat es sogar meinen eigenen Bruder Thien erwischt, und ich mußte wortlos zusehen ... ‹Bei verlorener Ernte muß das Wohl der arbeitenden Bevölkerung dem des Staates geopfert werden.› Der Genosse Parteisekretär des Provinzkomitees hat so verordnet, das weißt du doch schon!»

Zu jenem Zeitpunkt hatten Polizei und Miliz bereits Fahrräder, Tische und Stühle, Schränke und Kisten, große irdene Krüge, Schweine, Geflügel und vieles mehr zusammengetragen und an der Sammelstelle kreuz und quer bis auf die Straße hinaus aufgehäuft. Die Namen jedes Schuldners waren in weißen Kreidebuchstaben auf den einzelnen Gegenständen vermerkt: Herr Ai, Herr Do Kha, Herr Hung, Herr Hong, Frau Khinh (Hoas Mutter und Schwiegermutter des Vizevorsitzenden Duoc) und so weiter. Ein paar Stück Vieh, die an Pfählen in der Nähe befestigt waren, fürchteten sich so vor den hellerleuchteten Lampen und Menschenmassen, daß sie sich aufbäumten und ihre Nasenlöcher an den Halteringen blutig rissen. Sie drehten sich im Kreise, warfen ihre Köpfe nach hinten und brüllten.

Ich wankte nach Hause und sah, daß sie immer noch alles gründlichst mit ihren Taschenlampen absuchten. «Euer Suchen ist vergeblich. Wir bitten euch, uns Aufschub zu gewähren, ich werde schon etwas zu verkaufen finden und morgen alles begleichen.»

Ihr Anführer sah mich herablassend an und antwortete schroff: «Heute nacht ist heute nacht! Morgen verlieren wir unsere Belohnung, und wer entschädigt uns dafür? Jungs, nehmt das Fahrrad da!»

Zwei, drei Kerle kamen angelaufen. Ich versuchte, sie mit freundlichen Worten zu beschwichtigen: «Meine lieben Brüder! Ich bin doch kein Bauer. Dieses Fahrrad hat mir der Staat für meine Arbeit zur Verfügung gestellt. Das dürfen Sie einfach nicht konfiszieren!»

«Und was, wenn wir es trotzdem mitnehmen?»

Ich ließ mir schnell etwas einfallen und zog meinen Mitgliedsausweis des Schriftstellerverbandes der Provinz hervor. «Ich protestiere! Ich bin Journalist, ich werde rechtliche Schritte einleiten, bis zu Premierminister Dong!»

Mein Trick zeigte das gewünschte Resultat. Sie schwiegen. Vielleicht kannten sie sogar meinen Namen von Zeitungsartikeln. Plötzlich starrte der Riese wie gebannt auf den Sarg unter dem Familienaltar. Er stand auf, klopfte dagegen und sagte: «Was ist da drin, Schwester Loc?»

Schweigen.

«Was ist da drin, antworte, schnell!»

Meine Frau stammelte vor sich hin. Mir blieb der Atem stehen.

«Da ist gar nichts ...»

Voller Begeisterung traten die jungen Männer einmal kräftig gegen den Sarg, so daß er zur Seite kippte, der Deckel aufsprang und prasselnd den Reis freigab. Die ganze Truppe stimmte ein Freudengeschrei an – wie Goldgräber, die auf eine Mine gestoßen sind: «Ah, schau an, Reis! Reis, Reis! Meine lieben Brüder. Wirklich gerissen. Das hier ist nur falsche Armut und gespieltes Leid!»

Auf ihren Stock gelehnt, verbeugte sich Großmutter tief vor ihnen: «Ich flehe Sie an! Ich verbeuge mich tief und ersuche euch! Das ist mein Reis. Dies sind die hundert Kilo Reis, die meine beiden Töchter für meinen Todestag gespart haben, damit die Leute hier im Dorf wenigstens eine kleine Schale gedämpften Reis für ihre Hilfe beim Begräbnis bekommen.»

In Wirklichkeit hatten meine beiden älteren Schwestern jede nur zehn Kilogramm Reis beigetragen, zusätzlich zu den neununddreißig Kilogramm, die ich als Lebensmittelzuteilung in den letzten zwei Monaten erhalten hatte, und den vierzig Kilo, die meine Frau *für Großmutters...* beiseite gelegt hatte.

Großmutter lamentierte: «Ich habe dir doch gesagt, du sollst den Reis für die Kinder schälen und zubereiten, aber du wolltest ja nicht hören. Wozu spart ihr euch den Reis vom Mund ab? Warum für die Toten reservieren, was den Lebenden fehlt!»

Ein bärtiger Kerl mit ungekämmtem Haar fragte: «Also, Schwester, wirst du nun den Reis selbst zur Sammelstelle tragen oder nicht? Sag uns nur Bescheid.»

Der Kerl, der mir bekannt vorkam, baute sich vor meiner Frau auf und verbeugte sich mehrmals tief: «Ich bitte dich, Schwester. Ich mache nur meine Arbeit hier. Eine andere Gruppe von Steuereintreibern hat sich ganz genauso bei uns zu Hause verhalten. Falls du den Reis nicht selbst transportierst, werden wir den ganzen Sarg mitnehmen, und du mußt uns noch mindestens 20 Dong für die Arbeit bezahlen – vom Bußgeld ganz zu schweigen.»

Mit vereinten Kräften nahmen sie den Hausaltar herunter und zerrten den Sarg hervor. Plötzlich kamen die beiden Kleinen, Hoc und Thuc, aus der Küche angelaufen und klammerten sich, bitterlich flehend, an die Arme und Beine der Kerle: «Wir flehen euch an, Onkel! Ihr dürft den Reis nicht mitnehmen. Wir hatten schon so lange keine richtige Mahlzeit mehr *wegen Großmutter*, für ihr Begräbnis, für Großmutters Beerdigung!»

«Verschwindet hier! Laßt schon los, ihr Gören!»

Großmutter humpelte unsicher und mit erhobenem Stock vorwärts, um sie aufzuhalten. «Ich habt nicht einmal Erbarmen mit den Kindern!

Dann zeigt wenigstens Mitleid für die Alten, so daß eure eigenen Kinder und Enkelkinder gesegnet seien.»

Die Kerle drängten sich an ihr vorbei, und Großmutter fiel zusammen, ohne die Stütze ihres Gehstocks so schwach auf den Beinen wie ein sich häutender Krebs oder ein klappriger Stuhl. «O Partei! O Partei! O Regierung, schaut herunter und seht!»

Ich brachte Großmutter zurück zum Bett und hielt ihr den Mund zu: «Mutter, Mutter, du darfst nicht so schreien. Unsere Partei hat das nicht veranlaßt. Unsere Partei macht so etwas nicht. Unsere Partei kann so etwas unmöglich verordnet haben.»

Das gesagt, biß ich mir mit beiden Zahnreihen in den Handrücken, um gerade noch zurückzuhalten, was mir schon auf der Zunge lag. Meine Frau und ich schaufelten den Reis in Säcke und Tüten. Wir ermahnten den kleinen Hoc, er solle auf seine jüngeren Geschwister aufpassen und sich um Großmutter kümmern, während wir die Last auf Schultertragen zur Sammelstelle schafften ...

Dieser letzte Absatz ist dir gewidmet, Le Trung Quang. Lieber Le Trung Quang! Vielleicht kannst du die Tragödie deiner eigenen Familie geheimhalten, ich aber kann die Leiden der unglücklichen Bevölkerung nicht länger verschweigen. Obwohl diese Enthüllungen dich deine Position als Vorsitzender des Kulturbüros unseres Bezirksparteikomitees kosten können, fühle ich mich doch gezwungen, die Stimme zu erheben. Das ist die wahre Geschichte deiner Familie: Immer noch schuldest du siebenhundert Kilogramm Reis, den du borgen mußtest, um deine Familie zu ernähren. Für jede Mahlzeit müssen deine Tochter Lam und dein Sohn Son Flußmuscheln sammeln gehen, deine Frau zieht mit billigen Reismehlfladen von Dorf zu Dorf, um sie gegen Reis zu tauschen. Würdest du selbst deine Stimme erheben, dächten die Leute, du wolltest sie für deine Armut verantwortlich machen. Was sich in jener Nacht des 26. November 1983 in meinem Haus ereignete, entspricht der Wahrheit. Außenstehende denken sicherlich, ich habe diesen Vorfall erfunden. Jedesmal, wenn ich daran zurückdenke, erschaudere ich. Heute noch frage ich mich ungläubig: *Jene Nacht ... Welch eine Nacht*?

Ein Leserbrief in «Van Nghe», 19. März 1988

Anmerkung des (Van-Nghe-)*Herausgebergremiums: Seit* Van Nghe *den Tatsachenbericht ‹Jene Nacht› von Phung Gia Loc veröffentlichte, gingen zahllose Leserbriefe aus den verschiedensten Gegenden und mit den unterschiedlichsten Meinungen bei uns ein. Im nachfolgenden möchten wir Ihnen einen der vielen Leserbriefe vorstellen und überlassen Ihnen, verehrte Leser, die Möglichkeit, sich selbst eine Meinung darüber zu bilden.*

Kommune Binh Nguyen, 11. Februar 1988

Sehr geehrtes Herausgebergremium von *Van Nghe*,
Liebe Genossen,
ich, ein pensionierter Kader, wohnhaft in der Kommune Binh Nguyen, Bezirk Binh Son in der Provinz Nghia Binh, sende Ihnen, Genossen Herausgeber, diesen Brief in erster Linie, um Sie zu fragen: Wer ist dieser Loc? Dieser Kerl, der seinen Tatsachenbericht auf der Titelseite von *Van Nghe* veröffentlichen durfte?

Ist er ein professioneller Schriftsteller oder einfach irgend jemand, der eine Geschichte zur Veröffentlichung eingereicht hat? Wer auch immer dieser Kerl sein mag, jeder, der eine Geschichte einschickt, sollte zuerst einmal schreiben lernen und, was noch wichtiger ist, sich über die außerordentliche Aufgabe eines Autors im klaren sein. Als ich seine Geschichte las, fiel mir sofort auf, daß sein Stil wirr und stümperhaft ist, stellenweise sogar unsinnig oder grammatikalisch falsch. Ich dachte, dieser Kerl hat die Schule wohl kaum bis zur zehnten Klasse besucht. Wichtiger jedoch ist der Inhalt. Ich verstehe nicht, zu welcher sozialen Schicht er gehören mag, welchen Beruf er wo ausübt oder welcher Überzeugung er sein mag, wenn er unsere Gesellschaft in solch dunklen und niederschmetternden Farben zeichnet.

Unsere Gesellschaft sieht sich gegenwärtig großen Schwierigkeiten gegenüber, Schwierigkeiten aus vielen verschiedenen Richtungen. Jeder normale Bürger, der richtig und verantwortlich denken kann, muß sich selbst die Frage stellen: Was habe ich dazu beigetragen, die gegenwärtigen Schwierigkeiten zu überkommen, und wie kann ich sie richtig einschätzen – um eben nicht in die Situation zu geraten, diese passiv zu erdulden? Das trifft allgemein gesprochen auf die allgemeine Bevölkerung zu, auf Durchschnittsbürger, Parteimitglieder oder normale Kader. Was aber die Intellektuellen und Künstler angeht und insbesondere die Schriftsteller, also all jene Kreise, die von der Bevölkerung speziell geachtet werden, denen gegenüber man sich besonders aufmerksam zeigt, denen man vertraut, die man für ihr Talent, die Wirklichkeit scharfsinnig und einfühlsam auf den Punkt zu bringen, verehrt, von ihnen könnte man mehr erwarten. Ich bin weder Experte in Literaturtheorie, noch kann ich fachgemäße Kritik üben, ich möchte aber trotzdem über meine Gefühle sprechen, die beim Lesen dieser Geschichte in mir aufkamen. Es waren bittere und indignierte Gefühle.

Welchen Beruf übt Loc aus? Wie alt ist er? Sein ältester Sohn ist gerade 12 Jahre alt, der jüngste noch kein Jahr, aber er «erhielt die Erlaubnis, zu Hause zu bleiben, während die endgültige Entscheidung über (seine) frühzeitige Pensionierung vom Staatsdienst getroffen wurde»? Loc zerrt sogar seinen alten Freund, den Leiter des Personalbüros, in sein Bild der Armut und des Elends: «er sah noch schwächer aus als ich». Dann geht er zur Beschreibung seiner eigenen Familiensituation über: eine alte Großmutter, die darauf wartet zu sterben, eine Ehefrau und drei Kinder. Reis wird nur für die alte Großmutter und eines der Kinder zubereitet, so daß die Ehefrau und die anderen beiden Kinder Reisschleimsuppe mit Kraut anstelle einer ordentlichen Mahlzeit essen müssen und so weiter ... Dieser Abschnitt in Locs Geschichte kann kaum von der Literatur eines Ngo Tat To oder Nguyen Cong Hoan von vor 50 Jahren unterschieden werden.[1] Das Schicksal unseres Volkes in den achtziger Jahren wird, unter dem Stift Locs, mit dem der dreißiger Jahre gleichgestellt!

Und weiter: «ein Gefühl nahenden Unheils lag in der Luft», und «plötzlich füllte der Lärm von improvisierten Gongs, die unablässig geschlagen wurden, die ganze Nachbarschaft ... die öffentliche Lautsprecheranlage auf voller Kapazität ...» Das Trommelschlagen, der Klang von hölzernen Gongs, von Hörnern und das Eintreiben von Steuern der französischen Kolonialisten, Dorftyrannen und grausamen Großgrundbesitzern von vor 50 Jahren – verglichen mit dem Lärmen der improvisierten Gongs und öffentlichen Lautsprecheranlagen von Loc –, sie unterscheiden sich nur in der Wahl der Worte, in denen der gleiche Sachverhalt, das «nahende Unheil», beschrieben wird.

Ich habe eine junge fünfzehnjährige Enkelin, die in die neunte Klasse geht. Als sie die Geschichte zu Ende gelesen hatte, schien sie nervös und bekümmert. Nach einer Weile fragte sie mich: «Ist das wahr, Großvater? Kann es wahr sein, daß unsere Landsleute oben im Norden so erbärmlich leben, sogar hungern müssen? Und wie kommt es, daß die Kader dort so unerbittlich sind? Wie soll ein Mensch da überleben können, Großvater? Diese Geschichte ist ganz genau so wie die von ‹Schwester Dau›, die wir gerade in der Schule lesen.»[2]

Ich lud einen jungen Lehrer zu mir nach Hause ein, der an der Grundschule Literatur unterrichtet, und bat ihn, die Geschichte zu lesen, um mir seine Eindrücke mitzuteilen. Als er fertiggelesen hatte, sagte er mit einem Anflug von Lächeln auf den Lippen: «Ich verstehe nicht, warum *Van Nghe* eine solche Geschichte veröffentlicht. Auf den ersten Blick scheint sie mir der Geschichte von ‹Schwester Dau› sehr ähnlich.»

Loc verbietet sogar seiner eigenen alten Mutter den Mund, wenn sie die Partei anklagt. «Unsere Partei hat das nicht veranlaßt. Unsere Partei macht so etwas nicht ...» Ich verstehe nicht, von welcher Partei Loc spricht, welche seine Partei sein könnte und woher sie kommt. Aber unsere offizielle Partei schließt den Sekretär des Parteikomitees, den Vorsitzenden des kommunalen Volkskomitees und auch die Vorsitzenden des Volkskomitees der Provinz ein – also all diejenigen, die Loc höchst unzweideutig auflistet, so auch im folgenden Abschnitt: «Bei verlorener Ernte muß das Wohl der arbeitenden Bevölkerung dem des Staates geopfert werden. Der Genosse Parteisekretär des Provinzkomitees hat so verordnet.»

Loc bedient sich überdies seines Freundes, des Personalchefs, als Zeugen. Dieser Freund erscheint, unerklärterweise, am Anfang der Geschichte als Leiter des Personalbüros und im letzten Abschnitt als Leiter des Kulturbüros. «Lieber Le Trung Quang! Vielleicht kannst du die Tragödie deiner eigenen Familie geheimhalten, ich aber kann die Leiden der unglücklichen Bevölkerung nicht länger verschweigen.» Was will Loc damit sagen? Was will er ausdrücken, wenn er «das Leiden der unglücklichen Bevölkerung» verkündet?

Unter Umständen hat sich wirklich irgendwo in irgendeiner Kooperative irgendwann einmal ein solches Vorgehen der Steuereintreiber ereignet, aber der Grad dessen könnte niemals den Übertreibungen Locs standhalten. Es kann auch möglich sein, daß sich ein bestimmter Funktionär aus gewissen Gründen in großen Schwierigkeiten befindet. Loc wirft diese Faktoren alle zusammen und übertreibt nicht nur schamlos, sondern gibt seinen Fabrikationen auch noch einen allgemeingültigen Charakter, indem er diesen einen Fall zum «Leiden der unglücklichen Bevölkerung» aufbauscht.

Unsere Bevölkerung ist tatsächlich unglücklich, weil wir solche schwarzen Schafe wie Loc hervorgebracht haben, die von nichts eine Ahnung haben, angefangen bei der Kindererziehung bis zum Respekt, den sie ihren eigenen Eltern schuldig wären – sie dagegen ziehen diejenigen durch den Schmutz, von denen sie selbst ernährt und großgezogen wurden.

Natürlich gibt es Fälle, wo ein Kader sich in großen Schwierigkeiten befindet, verarmt, verelendet und hungert, aber diese Fälle sind äußerst selten und immer auf spezifisch tragische Umstände zurückzuführen. Das «Leiden der unglücklichen Bevölkerung» in Locs Heimat inklusive seines Freundes, des Personalchefs – und wenn man Loc Glauben schenkt, seiner ganzen Kommune Tho Xuan, gar der ganzen Provinz Thanh Hoa –, die Gründe hierfür werden dem Leser nicht erklärt. Nur weil man einige wenige Tonnen Reis von den überfluteten Feldern retten konnte und danach die Kooperative die Steuerabgaben dementsprechend senkte, können die Mitglieder ihrer Steuerpflicht überhaupt nicht mehr nachkommen, nur aus diesem einen Grund stürzen sie in Armut, schwerste Verschuldung, die erbärmlichsten Lebensumstände, Tod und Verderben – nur aus einem solch trivialen Grund?

Man muß die Dinge objektiv und nüchtern betrachten. Unsere Bevölkerung sieht sich mit vielen Schwierigkeiten konfrontiert, Schwierigkeiten in der Produktion, im Lebensunterhalt, besonders die Teile der Bevölkerung, die auf Löhne angewiesen sind, aber wo ist es soweit gekommen, daß Kader ihre Familien mit Kassava ernähren müssen, wo ist es soweit gekommen, daß Reisschleimsuppe mit Kraut eine ordentliche Mahlzeit ersetzt? Gerade die Teile der Bevölkerung, die selbst produzieren, also in der Produktion tätig sind, deren Leben ist selten betroffen. Ganz im Gegenteil, man könnte sagen, daß sich der Lebensstandard generell stabilisiert und in mancher Hinsicht sogar gehoben hat. Selbstverständlich hinken diese Verbesserungen immer noch weit hinter unseren Erwartungen her. Unsere Gesellschaft ist voller negativer Phänomene. Um diese zufriedenstellend zu überwinden, bedarf es eines Prozesses, der damit beginnt, ihre Gründe zu identifizieren. Jeder einzelne muß selbst Verantwortung übernehmen, diese generellen Mißstände aktiv zu bekämpfen. Loc aber hält es nicht für nötig, sich Gedanken über die Hintergründe zu machen. Unzufrieden mit der Realität und ihren vielen unangenehmen Aspekten, flucht und schimpft er vulgär vor sich hin, ohne an die Konsequenzen zu denken.

Ohne voreilige Schlüsse ziehen zu wollen, wage ich doch die Vermutung, daß Loc aus ganz bestimmten Gründen so unzufrieden ist, daß er sich von der allgemeinen Mission, Sozialismus in diesem Lande zu verwirklichen, loslöst und damit der Gesamtbevölkerung den Rücken kehrt. Mit Hilfe eines einzigen Ereignisses sucht er solch einfache Gemüter, wie er selbst, emotional aufzuwühlen. Er übertreibt dieses Ereignis in einem Maße, bis es zu einem dunklen Symbol für unsere ganze Gesellschaft wird. Wie könnte man ihn sonst interpretieren?

Aber wen vermag Loc schon aufzuwühlen, wenn ihm selbst ein einfaches, gutherziges Kind von 15 Jahren mißtraut und bemerkt, wie widersinnig und falsch seine Darstellungen sind?

Wir befinden uns momentan im Zeitalter der Erneuerung *(Doi Moi)* und erneuern in einer allumfassenden Weise. Erneuerung jedoch kann nicht heißen, daß alles Vergangene als veraltet betrachtet oder die Vergangenheit negiert werden sollte. Erneuerung muß sich auf eine geregelte wissenschaftliche Basis stellen, um ein kritisches Bewußtsein zu schaffen, das Gutes von Schlechtem unterscheiden kann und die Vergangenheit in ihren positiven Aspekten bekräftigt. Mehr als 50 Jahre des Kämpfens, des Aufbaus und der glorreichen Errungenschaften unserer Bevölkerung verlangen, daß wir aus der Erfahrung vergangener Fehler lernen, diese richtigstellen – wichtiger noch, die positiven Aspekte erkennen, um auf ihnen aufzubauen. Sich dem Problem auf verkehrtem Wege nähern ist pervers und fatal.

Voller Wut sende ich Ihnen, den Herausgebern, diesen Brief, weil ich nicht verstehen kann, wieso ein solch billiger, gedungener Schmierfink in unseren Literaturmagazinen veröffentlicht wird. Ich kann die Gründe einfach nicht verstehen, warum die Herausgeber ihren Lesern einen so bösartig-giftigen Schund vorsetzen.

Dieser Brief vermag kaum das Ausmaß meiner Wut zu vermitteln.

Dang Buu

Zwei Antworten in «Van Nghe», 2. April 1988

Provinz Ha Nam Ninh, 22. März 1988

Ich habe die Geschichte ‹Jene Nacht› sehr aufmerksam gelesen. Ebenso aufmerksam las ich ‹den Brief›, der den Tatsachenbericht und seinen Autor angreift. Erlauben Sie mir, zu beiden meine Meinung zu äußern.

Zuerst möchte ich über den Tatsachenbericht ‹Jene Nacht› sprechen. Mit nahezu 50jähriger Erfahrung mit dem Leben auf dem Lande im Norden und 28 Jahren in einer Kooperative erlaube ich mir, mich auf meine Lebenserfahrungen zu berufen, wenn ich bekräftige, daß diese Geschichte der Wahrheit entspricht! – obwohl uns diese Wahrheit oft leiden ließ. Wenn jemand nur daran gewöhnt ist, das Leben durch eine rosarot gefärbte Brille zu betrachten, dann ist diese Geschichte tatsächlich ein ‹konterrevolutionäres Stück Literatur›. Aber ist unser Leben wirklich rosarot? Falls alles schön und wunderbar wäre, warum müssen wir jetzt ‹niederschlagen›, ‹erneuern› und all die ‹dringendsten Probleme› lösen? Seit der Politik der Erneuerung hat die Presse unzählige Geschichten aufgedeckt, die aus den Zeiten von ‹Schwester Dau› oder ‹Chi Pheo› stammen könnten.[3]

‹Jene Nacht› von Phung Gia Loc ist nur eine von vielen Tausenden solcher Nächte. Jedes Jahr fielen die Steuereintreiber in meine Familie ein: Sie kamen in Jeeps mit Schußwaffen und konfiszierten unter viel Getöse und Geschrei. In manchen Orten wurden verschuldete Kooperativmitglieder von der Polizei als Kriminelle betrachtet und in Gewahrsam genommen! Das Problem der ‹Verschuldung und Schuldeintreibung› breitet sich gegenwärtig wie eine ansteckende Krankheit in den Kooperativen aus – ohne ein Heilmittel in Aussicht. Das ist eine Tatsache, der man sich stellen muß, so schmerzhaft es auch sein mag, um gemeinsam unser Augenmerk auf das Schicksal der Landbevölkerung zu lenken. Der Tatsachenbericht ‹Jene Nacht› ist ein wertvolles Werk, denn es läßt uns die bittere Realität der Landbevölkerung erkennen. Es erlaubt uns auch, zu erkennen, in welchem Maße sich bestimmte Menschen, unter dem Deckmantel der Revolution, unbeschränkte Freiheiten herausnehmen! Sie sind wirklich die neuen Dorftyrannen! Falls wir nicht sehr aufmerksam sind, verlieren wir ihretwegen die Errungenschaften der Revolution! In seiner Kürze gelingt es ‹Jener Nacht› dennoch, zwei Maßstäben gerecht zu werden: Die Geschichte trägt zutiefst realistische Züge und wirft gleichzeitig wichtige Fragen der Gegenwart auf. All die Leser, die selbst arme Bauern sind, danken dem Autor Phung Gia Loc vielmals!

Als ich den Brief von Dang Buu zu Ende gelesen hatte, war ich in Schweiß gebadet und zitterte am ganzen Körper! Es ist ein glücklicher Umstand, daß der ehrenwerte Herr Dang Buu bereits im Ruhestand ist, denn hätte er noch Position und Macht, insbesondere als leitender Kader in der Literatur und Kunst, wäre das fatal für unsere Literatur! Liest man nur den Ton, den der Herr gleich im ersten Satz anschlägt: «Wer ist dieser Loc, dieser Kerl ...?», dann weiß man sofort, daß der Herr an den Genuß von Macht gewöhnt ist! Hält er etwa Schriftsteller für Dienstboten, wie in den alten Tagen? Wie kommt es, daß er einen Autor, von dem er gerade den Namen erfahren hat, in solch vulgärer Weise anspricht? «Wer ist dieser Loc, dieser Kerl ...?» Denkt er etwa, er spricht mit seinem eigenen Sohn? «Welchen Beruf übt Loc aus? Wie alt ist er?» Hält er sich für die Polizei? Der ehrenwerte Herr bezeichnet Phung Gia Loc als «billigen, gedungenen Schmierfinken». Lassen Sie mich fragen: Für wen hat er sich als Schmierfink verdungen? Für die *Van Nghe*, die Wochenzeitschrift des nationalen Schriftstellerverbandes etwa? Der Herr schreibt weiter: «Unsere Bevölkerung ist tatsächlich unglücklich, weil wir solche schwarzen Schafe wie Loc hervorgebracht haben.» Diese Art der Beschimpfung ziemt sich nur, um mit dem Finger auf nationale Verräter zu zeigen, die sich schwerer Verbrechen schuldig gemacht haben, wie Ngo Dinh Diem oder Nguyen Van Thieu. Er aber scheut sich nicht, mit den gleichen Worten den Namen eines mutigen Schriftstellers durch den Schmutz zu ziehen, der nur wahrheitsgetreu Ungerechtigkeiten anprangert. Hat der ehrenwerte Herr das Strafgesetzbuch unseres Landes gelesen? Ich zitiere das Strafmaß für das Verunglimpfen eines anderen Bürgers, das sich zwischen drei Monaten und drei Jahren Freiheitsstrafe bewegt, ehrenwerter Herr! Der ganze Brief des Herrn Dang Buu beweist, daß er an einer schweren Krankheit leidet, die sich Bürokratismus nennt!

Er glaubt, Fälle, «wo es soweit gekommen ist, daß Kader ihre Familien mit Kassava ernähren müssen» oder «ein Kader ... verarmt, verelendet und hungert ...», sind äußerst selten. Erlauben Sie mir, Herrn Dang Buu zu fragen: Mit den gegenwärtigen Löhnen leben alle Kader wirklich glücklich und zufrieden? Und der Lebensstandard der normalen Bevölkerung ist wohl auch schon Glück und Seligkeit?

Was die Verhaltensweise einiger Kader in Phung Gia Locs Geschichte betrifft, ruft Herr Dang Buu seine junge Enkeltochter zu Rate: «Und wie kommt es, daß die Kader dort so unerbittlich sind? Wie soll da ein Mensch überleben können, Großvater?» Bei einem so jungen, reinen und naiven Herzen bin ich der Überzeugung, daß seine Enkeltochter noch keine Ahnung von solch komplizierten Dingen hat. Und der Herr Großvater selbst? Ist er genauso blauäugig wie seine Enkelin? Hat er die Radioberichte über den Fall Tuan gehört: Nguyen Cong Tuan, Vizevorsitzender des Polizeibüros in der Kommune Hien Luong (Bezirk Song Thao, Provinz Vinh Phu), der den gerade 13jährigen Nguyen Van Thanh zu Tode prügelte? Und der Fall der Kader in der Provinz Thanh Hoa, ist der etwa nicht negativ? Ich fordere den Herrn freundlichst auf, doch die Akten Dang Dinh Tam zu konsultieren und vieler anderer Fälle mehr in der Provinz Thanh Hoa, die die Presse kürzlich bekanntgemacht hat ...

In der gegenwärtigen Situation unseres Landes, das sich im Kampf gegen negative Phänomene befindet, wurde erst vor kurzem die Literatur ‹entfesselt› und von ihrem skizzenhaften und trockenen Stil befreit. Werke wie ‹Jene Nacht› und sein Autor müssen ermutigt und beschützt werden. Falls nicht, dann wird es nie ein ‹Entfesseln› geben, niemals ‹Erneuerung›!

Und all den bürokratischen Kadern, wie der ehrenwerte Herr Dang Buu, die unverdrossen unsere Schriftsteller und Künstler anschwärzen möchten, schlage ich vor, mit den armen Bauern ein paar Jahre lang die ‹Drei Gemeinsamkeiten› zu praktizieren – zusammen essen, zusammen wohnen, zusammen arbeiten –, damit sie sich eine Vorstellung machen können, was es heißt, zu hungern, zu frieren und unterdrückt zu sein. Ich selbst biete mich an, Herrn Dang Buu beim Praktizieren der ‹Drei Gemeinsamkeiten› behilflich zu sein, um ihn von seinem Bürokratismus umzuerziehen.

Ich warte ehrerbietig darauf, ihn bei mir zu begrüßen.

Tran Quoc Tien

Hanoi, 21. März 1988

Sehr geehrtes Herausgebergremium von *Van Nghe*,
neulich wurde mir ein äußerst kurzweiliges Lesevergnügen zuteil. Ich war sehr erfreut und interessiert, ‹Jene Nacht› von Phung Gia Loc in *Van Nghe* zu finden.

Diese Freude geht nicht nur auf den Inhalt dieses Werkes zurück, sondern auch auf die Tatsache, daß die Genossen erlaubten, die Geschichte in dieser Form zu veröffentlichen. Heute hatte ich eine ebenso kurzweilige Zeit, als ich Dang Buus Brief las. Diesmal jedoch ging die Freude ganz und gar nicht auf dessen Inhalt zurück, sondern einzig auf die Tatsache, daß die Genossen auch ein solches Schriftstück veröffentlichten, das sich gänzlich gegen den derzeitigen ‹Strom› stellt.

Dang Buus Beitrag hat mich aufgeweckt, er hat mich verstehen gelehrt, daß die Feinde der ‹Erneuerung› *(Doi Moi)* nicht so vereinzelt zu finden sind, wie ich ursprünglich dachte. Ich hatte geglaubt, daß es nur ein paar wenige Offizielle gibt, die ‹Erneuerung› einfach nicht akzeptieren können. Jetzt ist mir klargeworden, daß selbst Offizielle im Ruhestand, die nicht länger Einfluß und Macht genießen, ‹Erneuerung› hassen.

Bei der Lektüre ‹des Briefes› habe ich verstanden, daß sein Autor ein alter Kader im Ruhestand ist. Aus diesem Grund werde ich ihn im folgenden mit ‹Herr› ansprechen und mir nicht seine eigene Art und Weise, Phung Gia Loc zu bezeichnen, zu eigen machen, wie zum Beispiel: «dieser Kerl», «er da», «jenes schwarze Schaf» ... Ich weiß auch nichts über Herrn Dang Buu, aber stelle ihm trotzdem nicht die Fragen, die er an Phung Gia Loc richtet. Ich möchte nicht fragen: Welchen Beruf übten Sie vor Ihrer Pensionierung aus? Mit wem leben Sie? Wie hoch ist Ihre monatliche Rente? Wissen Sie irgend etwas über das Leben in Ihrer Nachbarschaft? Ja, wissen Sie denn irgend etwas über das Leben in dem Dorf oder Stadtviertel, in dem Sie wohnen?

All das brauche ich nicht zu fragen, denn durch ‹den Brief› kann ich Teile Ihres wahren Gesichtes erkennen. Eines scheint sicher, während seiner Amtszeit muß Herr Dang Buu unserer Partei und Bevölkerung nicht wenig Schaden zugefügt haben. Glück für Phung Gia Loc! Bedenke man nur, Herr Dang Buu wäre noch nicht pensioniert und hielte immer noch Position und Macht in seinen Händen, dann hätte Phung Gia Loc wohl Schwierigkeiten, ihm zu entrinnen.

In diesem kurzen Brief beabsichtige ich nicht, weiter mit Herrn Dang Buu zu disputieren. Ich wünsche nur, daß die Genossen des Herausgebergremiums mehr Werke veröffentlichen werden, die die Realität der verschiedenen sozialen Schichten unserer Bevölkerung widerspiegeln. Meiner Meinung nach hat ‹Jene Nacht› erst ein Fragment dieser Realität angesprochen.

Herzlichst,
Van Nhu Cuong,
Professor, Pädagogische Hochschule 1

Ein Interview in «Tien Phong», 17.–23. Mai 1988

«Vor und nach ‹Jener Nacht›:
Ein Gespräch mit dem Schriftsteller Phung Gia Loc»

Denken Sie während des Schreibens an mögliche Folgen für sich und Ihre Familie?

– Ja, aber ich zögere nicht. Ich lasse mich nicht unterkriegen. Was auch immer geschehen mag, man muß einfach offen sprechen!

– Und Konsequenzen haben sich dann auch tatsächlich eingestellt?

– Selbstverständlich. Und das ziemlich schnell. Noch vor meiner Rückkehr nach Hause hatte meine Geschichte schon die Aufmerksamkeit der Verantwortlichen geweckt. Meine Frau und fünf weitere Personen, die alle namentlich darin auftauchen, wurden zum Verhör in die Zentrale der Produktionseinheit gerufen. Alle bekräftigten, daß ich die Wahrheit geschrieben hätte. Unzufrieden, rief die Einheit 12 daraufhin eine Vollversammlung ein, um über mich zu beraten. Sogar die lokale Polizei und Repräsentanten der lokalen Verwaltung waren anwesend. Die Dorfbewohner erschienen sehr zahlreich, manche kamen von anderen Einheiten. Einige weinten, als ein Mitglied des Volkskomitees meine Geschichte laut vorlas. Viele standen auf und erklärten, daß ich die Wahrheit geschrieben hätte und sogar manche noch schmerzhafteren Umstände ausgelassen hätte. Keine einzige Aussage richtete sich gegen mich. Trotzdem beschloß die Kommune, meinen Fall an Bezirks- und höhere Ebenen weiterzuleiten – als Zeichen des Protestes, da ich, in ihren Augen, die ‹lokale Bewegung› mit ‹Schmutz besudelt› hätte (?!). Glücklicherweise waren die Genossen auf der Bezirksebene klug genug, diesen Beschluß nicht weiterzuleiten, denn sie erkannten, daß er weder die Wahrheit widerspiegelte noch im Einklang mit dem ‹Neuen Denken› war. Als *Van Nghe* dann ‹den Brief› von Dang Buu abdruckte, dachten meine Gegner, sie hätten ein neues Mittel gegen mich in der Hand. Sie überschlugen sich förmlich, diesen Brief zu verbreiten, und zitierten sogar die schlimmsten Sätze daraus, um mich lächerlich zu machen ... Erst als Herr Ha Trong Hoa nicht länger die Position des Parteisekretärs der Provinz Thanh Hoa innehielt, war ich vorläufig beruhigt.

– Und all diejenigen, die Sie unterstützten?

– Sie haben meine ganze Familie unterstützt. Viele Parteimitglieder stimmten dem diffamierenden Beschluß gegen mich nicht zu. Außer den zahlreichen Leserbriefen an *Van Nghe*, die mich verteidigten und Herrn Dang Buu angriffen, erhielt ich noch 200 Briefe, die, der Adresse in der Geschichte folgend, direkt an mich gesendet worden waren. Zwei Drittel dieser Briefe kamen aus den Provinzen im Süden des Landes. Herr Ngo Dai Viet aus Ho-Chi-Minh-Stadt schenkte mir 50 Kilogramm Reis und etwas Stoff für einen neuen Anzug. Ich wurde außerdem enthusiastisch von Schriftsteller- und Künstlerkollegen aus Hanoi und anderen Orten unterstützt. (...)

Nguyen Hoang Son

Ein Artikel in «Tien Phong Chu Nhat», 22. Januar 1991

«Phung Gia Loc: Ruhm und Bitterkeit –
der Autor von ‹Jener Nacht› im Angesicht des Todes»

Wie ein Papierdrachen, der den Wind fängt, stieg Phungs Name jenes Jahr mit einer einzigartigen Affäre in den literarischen Kreisen auf.

Man sprach über Phung wie über einen legendären Helden. Selten gibt es ein literarisches Werk wie ‹Jene Nacht› von Phung, das, noch feucht von der Druckerpresse, auf Fotokopiergeräten, durch Blaupausen oder einfach abgetippt, vervielfältigt und zu erhöhten Preisen weiterverkauft wird. Manche verbreiteten die Nachricht, daß Phung sich in einem unterirdischen Gang versteckt halten müßte, da nach ihm gesucht würde. Andere sammelten sogar Spenden für Phungs Unterhalt! Irgendein alter Mann erhob seine Stimme, um Phung zu beschimpfen, handelte sich damit nur selber diffamierende Leserbriefe ein und wurde schließlich zu jedermanns Sündenbock. Gefühle der Bewunderung, Sympathie und des

Respekts brachen über Phung herein wie Flutwellen. Phung war wie benommen. Ein hinterlistiger Fuchs sammelte Geld für ‹Phungs Unterhalt in dem unterirdischen Schacht›, nur um die Spenden in viel Reiswein zu liquidieren. Versoffen hat er das ganze Geld, nicht etwa investiert, sondern schlichtweg versoffen. So jemanden nennt man zu Recht einen gerissenen – versoffenen – Fuchs, der nichts ernst nimmt und sich mit Lügengeschichten durchschlägt. In Wirklichkeit befand sich Phung Gia Loc zu jenem Zeitpunkt im Dai-Lai-Literaturhaus des Schriftstellerverbandes ...

Jetzt klammert sich Phung mit letzter Kraft an sein Leben. Er weiß genau, wie es um ihn steht. Er ist ruhig und gelassen. Es gibt auch tröstende Momente für ihn. Ein Arzt der östlichen Medizin pflegt ihn kostenlos, selbst für die Medikamente nimmt er keine Bezahlung an. Wohltaten vergelten sich anderweitig. Er hat Freunde im Bezirk Ngoc Lac, die vorausschauend einen Sarg besorgten. Sie kauften die Holzplanken und beauftragten einen Schreiner mit der Arbeit. Als der Sarg bei Phung abgeliefert wurde, komponierte er voller Freude und zu Tränen gerührt dieses Gedicht:

Wer möchte noch über dieses Leben sprechen,
Träume vom talentierten Schriftgelehrten haben sich in einen Sarg verwandelt,
Außen leuchtendrote Lackschichten,
das Innere bereit, einen Menschen zu verschlucken!

Das ist Phung! Sein ganzes Leben lang starrköpfig. Ob er recht hat oder nicht, wie auch immer, er bleibt starrköpfig. Heute morgen sagte er: «Sicherlich wagt jetzt niemand, solche Sätze zu drucken. Sobald ich aus diesem Leben geschieden bin, veröffentliche sie doch bitte für mich.»

Wozu auf diesen Moment warten, ich schreibe sie gleich für Phung auf ... Wer weiß, wann er uns verlassen wird. Seine Leser werden sich dank seines Beitrags zur ‹Erneuerung› ewig an ihn erinnern – dank seiner Geschichte, die viele Menschen gerührt hat. Das allein ist schon ein großes Glück, lieber Phung!

Nguyen Van Luu
nach einem Treffen mit Phung Gia Loc

Ein Nachruf in «Tien Phong Chu Nhat», 8. März 1992

«Adieu, Phung Gia Loc, und adieu, ‹Jene Nacht›»

Heute nachmittag, als ich die Nachricht erhielt, erschrak ich. Erst am Freitag vergangener Woche, also vor sechs Tagen, schnitt seine Stimme noch durch das vergilbte Moskitonetz in dem ärmlichen, baufälligen Haus in seinem Heimatdorf Phu Yen. Seine Hand war uns zum Gruß entgegengestreckt, und dann plötzlich, kaum eine Woche später, ist alles vorbei, Staub und Asche, an die Ewigkeit verloren ... Lieber Phung, ich erinnere mich, daß ich vor sechs Tagen schon an den heutigen gedacht hatte, und dennoch überraschte mich die Nachricht. Nun gut, geh in Frieden. Du kannst dich trotz alledem glücklich schätzen, denn nach den Jahren des Elends und der Armut sind die Zeiten der Reisschleimsuppen für Phung Gia Loc vorüber. Dein ältester Sohn, der gerade unter westlichem Himmel studiert, wird zurückkehren, um deinen Platz einzunehmen. Er wird an deiner Stelle das ärmliche Haus durch die Stürme des Lebens führen. Lieber Phung Gia, schließe deine Augen in Frieden. Ich wage zu behaupten, daß seitdem du ‹Jene Nacht› geschrieben hast, vermutlich keine zweite solche Geschichte erschienen ist, nicht weil es uns an literarischen Talenten mangeln würde, sondern weil unser Los und, wie es scheint, auch unser Leben heute bereits anders sind. ‹Jene Nächte› gibt es nicht mehr, und dem Anschein nach werden wir vermutlich auch keine solchen Nächte mehr erleben.

Adieu, Phung Gia Loc, und adieu, ‹Jene Nacht›!

Xuan Ba

Anmerkungen

1 Ngo Tat To und Nguyen Cong Hoan zählen zur ersten Generation moderner vietnamesischer Prosaschriftsteller. Sie beschrieben die Unterdrückung der Landbevölkerung und des städtischen Proletariats unter der französischen Kolonialverwaltung der dreißiger Jahre. Heute werden sie als die Urväter einer sozialistisch inspirierten nationalen Literatur gefeiert.

2 Schwester Dau ist die zentrale Figur in Ngo Tat Tos 1939 veröffentlichtem Roman ‹Wenn die Lampe erlischt› *(Tat Den)*, der den leidvollen Lebensweg der jungen Frau im Kampf gegen die Ungerechtigkeiten des Kolonialregimes beschreibt.

3 Chi Pheo ist die Hauptfigur der gleichnamigen, 1946 veröffentlichten Erzählung von Nam Cao. Die tragikomische Gestalt des Chi Pheo ist wahrscheinlich eine der bekanntesten Figuren in der prärevolutionären vietnamesischen Literatur.

IV

Ortsbegehung

Martin Lüdke

An den Ohren herbeigezogen

Zur Struktur des ästhetischen Urteils bei Kant, Peirce und ihren Erben

1

«Der Blick des Schafes», meint Ramón Gómez de la Serna, «stimmt den Menschen mildtätig.»

2

Das stimmt, auch wenn der Status dieser Äußerung (noch) offenbleiben sollte. Auf der Ortsbegehung, die erst einmal durch übersichtliches, wenn auch nicht immer flaches Gelände führt, zum Ende hin auf einen stetig, schließlich steil ansteigenden Weg, das heißt also über Peirce und seine Folgen zurück zu Kant, weil der voraus auf Gegenwärtiges deutet, auf diesem Gang wird der Raum abgeschritten, in dem die Produktion von ästhetischem Mehrwert angesiedelt ist. Wer es vermag, einen Raum abzugrenzen, der weiß wenigstens schon einmal, *wo* die Musik gespielt wird. Die Wanderung wird also motiviert durch die Hoffnung, daß – wie Walter Benjamin das einmal sehr schön sagte – wir von der Kehrseite der Medaille den Abdruck nehmen können.

Möglicherweise läßt sich nicht nur der Struktur und der Verfahrensweise des ästhetischen Urteils etwas ablesen über die Beschaffenheit des Ästhetischen, möglicherweise entspricht eben auch der energetische Kern künstlerischer Produktion – der geniale Einfall – der Prozedur eines Schlußverfahrens, das neue Erkenntnisse hervorbringt.

Im Marschgepäck ist neben einigen kleinen Leckerbissen auch die Annahme untergebracht, daß eines der von dem amerikanischen Philosophen Charles S. Peirce beschriebenen logischen Schlußverfahren, das er zunächst Hypothese, dann Abduktion oder Retroduktion genannt hat, viel mit dem freien Spiel der Kräfte, von dem Kant spricht, zu tun haben könnte. Der Vergleich könnte Aufschlüsse bringen. Man wird sehen. Auf jeden Fall geht es am Ende wieder steil bergab in flaches, übersichtliches, damit leicht begehbares Gelände.

3

Eine kleine Erinnerung: die letzte Novemberwoche des Jahres 1327. Wir erinnern uns alle. Diese Behauptung stützt sich, zugegeben, auf eine, in Anführungsstrichen gesagt, «Hypothese», d. h. auf einen «abduktiven Schluß». Der Roman, der diese Woche, sieben Tage und Nächte voller Schrecken und sonderbarer Begebenheiten ausführlich beschreibt, ist nämlich zu einem der erstaunlichsten Bucherfolge dieses Jahrhunderts geworden. Dabei handelt es sich, etwas verkürzend gesagt, um ein Hans Blumenbergs Studien über «Die kopernikanische Wende» und «Die Legitimität der Neuzeit» durchaus vergleichbares Unternehmen. Der gelehrte Franziskanermönch Bruder William von Baskerville kommt in Begleitung seines Gehilfen Adson im Auftrag des Kaisers in die prächtige Cluniazenserabtei an den Hängen des Apennin, um in einem brisanten theologischen Streit, der längst auch politische Dimensionen angenommen hatte, zu vermitteln.

Wir stehen an der Schwelle des ersten Kapitels des Romans «Der Name der Rose» von Umberto Eco, der sich bis dahin, 1980 erschien die italienische Originalausgabe, als Semiologe und Mediävist, nicht aber als Geschichtenerzähler einen Namen gemacht hatte.

Im gleichen Jahr, seltsamerweise, eine kleine Studie von Thomas A. Seboek und Jean Umiker-Seboek mit dem hübschen Titel «You Know My Method. A Juxtaposition of Charles S. Peirce and Sherlock Holmes» (dt.: «Du kennst meine Methode». Charles S. Peirce und Sherlock Holmes, 1982). Der enge Zusammenhang, der zwischen diesen beiden Publikationen besteht, wird bereits durch die Namen der Protagonisten Ecos angedeutet: William von Baskerville und Adson. (Watson hieß bekanntlich der Gehilfe Sherlock Holmes' und «Der Hund von Baskerville» der bekannteste Roman von Arthur Conan Doyle, dem Schöpfer dieser Figuren.)

Wir stehen noch immer an der Schwelle des ersten Kapitels, schon auf dem Anstieg zur Abtei. Adson erzählt uns aus der Rückschau die Geschichte.

«Als nun unsere Mulis die letzte Steilkehre erklommen und wir an eine Kreuzung gelangten, an welcher rechts und links zwei Seitenpfade begannen, verharrte mein Meister einen Augenblick und betrachtete aufmerksam die Ränder des Weges, den Weg selbst und die Bäume darüber; eine Reihe von Pinien formte an dieser Stelle so etwas wie ein natürliches Dach, überzogen mit einer dünnen Schneeschicht. ‹Reiche Abtei›, sagte er. ‹Dem Abt gefällt es, glanzvoll in der Öffentlichkeit aufzutreten.› Da ich es bereits gewohnt war, ihn zuweilen höchst sonderbare Bemerkungen machen zu hören, schwieg ich dazu.»

Er schwieg auch, weil er schon Stimmen hörte. Ein aufgeregte Gruppe von Mönchen und Laienbrüdern erschien hinter der Biegung des Weges. Der Anführer dieser Gruppe, der Cellerar des Klosters, erkannte in den beiden den erwarteten Besuch und begrüßte sie entsprechend höflich. «‹Ich danke Euch, Herr Cellerar›, erwiderte freundlich mein Meister, ‹und Eure Höflichkeit schätze ich um so mehr, als Ihr, um mich zu begrüßen, Eure Suche unterbrochen habt. Aber macht Euch keine Sorgen, das Pferd ist hier vorbeigelaufen und auf den rechten Seitenpfad abgebogen. Es kann nicht weit gekommen sein, denn bei der Müllhalde wird es stehenbleiben. Es ist zu klug, um sich auf den Steilhang zu wagen.›»

Ebenso erstaunt wie der Cellerar, wie Adson sind wir, die Leser dieser Schilderung. Und so fragt der Kellermeister denn auch sofort, wann sie denn das Pferd gesehen hätten. «‹Wir haben es gar nicht gesehen, nicht wahr, Adson?› erwiderte William zu mir gewandt mit heiterer Miene. ‹Aber wenn Ihr Brunellus sucht, so werdet Ihr das edle Tier dort finden, wo ich es Euch gesagt habe.› Der Cellerar zögerte, schaute William verblüfft ins Gesicht, warf einen Blick auf den Seitenpfad und sagte schließlich: ‹Brunellus? Woher wißt Ihr?›»

Die Antwort, die William von Baskerville nun gibt, grenzt scheinbar ans Wunderbare. Denn, nur so viel ist an dieser Stelle festzuhalten, gesehen von dem Pferd haben Adson und William tatsächlich nichts. Sagen wir: so gut wie nichts. «‹Nun›, antwortete William, ‹es liegt doch auf der Hand, daß Ihr Brunellus sucht, das Lieblingspferd Eures Abtes, den besten Renner in Eurem Stall; einen Rappen, fünf Fuß hoch, mit prächtigem Schweif; kleine runde Hufe, aber sehr regelmäßiger Galopp; schmaler Kopf, feine Ohren, aber große Augen. Er ist nach rechts gelaufen, ich sage es Euch, und auf jeden Fall solltet Ihr Euch beeilen.›»

Vermutlich hat sich der Cellerar mit seiner Truppe schon deshalb derartig beeilt, um möglichst schnell aus dem Gesichtskreis dieses offenbar mit übersinnlichen Fähigkeiten ausgestatteten Wundermannes zu verschwinden. Doch William von Baskerville war kein Hellseher und seine Beschreibung des Pferdes, samt der Vorhersage, die nur wenige Augenblicke später, an dem Freudengeschrei zu erkennen, bereits eingetroffen war, verdankt sich keinerlei übersinnlichen Fähigkeiten, sondern, im Gegenteil, der Anwendung eines Verfahrens, das der amerikanische Philosoph und Begründer des Pragmatismus Charles Sander Peirce als erster sehr genau beschrieben hat.

4

In einem Aufsatz aus dem Jahre 1878 beschreibt Peirce «Deduktion, Induktion und», wie er zu diesem Zeitpunkt noch sagte: «Hypothese», also das später von ihm «Abduktion» oder «Retroduktion» genannte Schlußverfahren. Dabei erzählt der Philosoph, der tatsächlich ein höchst gebildeter, weitgereister und in vielen Wissenschaften bewanderter Forscher gewesen ist, selbst eine kleine Geschichte: «Ich landete einst im Hafen einer türkischen Provinz, und als ich zu dem Haus hinaufging, das ich besuchen wollte, traf ich einen Mann auf einem Pferd, der von vier Reitern, die einen Baldachin über seinen Kopf hielten, umgeben war. Da der Gouverneur der Provinz die einzige Person war, von der ich mir denken konnte, daß sie so hoch geehrt wurde, schloß ich, daß es der Gouverneur war. Das war», so Peirce weiter, «eine Hypothese.» (I, 377) Als allgemeine Regel sei die Hypothese natürlich nur eine sehr schwache Schlußart: eine Mutmaßung, daß etwas so sein könne. Peirce: «Um eine Hypothese handelt es sich, wenn wir einen sehr seltsamen Umstand finden, der durch die Unterstellung erklärt werden würde, daß es ein Fall einer bestimmten allgemeinen Regel ist, und wenn wir daraufhin jene Unterstellung akzeptieren. Oder wenn wir finden, daß in gewissen Hinsichten zwei Objekte einander sehr ähnlich sind, und schließen, daß sie einander in anderen Hinsichten ebenso ähnlich sind.» (I, 376)

5

Aber noch einmal zurück in die letzte Novemberwoche des Jahres 1327. Wir hatten die beiden britischen Geistlichen an einer Wegbiegung von der Cluniazenserabtei stehenlassen. Der Pferdesuchtrupp war weitergezogen und, wie auch zu hören war, fündig geworden. Und Adson, der Gehilfe, höchst neugierig, wie sein Meister es wohl angestellt hatte, das alles zu wissen.

William erklärte es ihm. Alles ist ganz einfach, scheinbar ganz einfach. «Am Kreuzweg zeichneten sich im frischen Schnee sehr klar die Hufspuren eines Pferdes ab, die auf den Seitenpfad zu unserer Linken wiesen. Schön geformt und in gleichen Abständen voneinander, lehrten sie uns, daß der Huf klein und rund war und der Galopp von großer Regelmäßigkeit, woraus sich auf die Natur des Pferdes schließen ließ und daß es nicht aufgeregt rannte wie ein scheuendes Tier. An der Stelle, wo die Pinien eine Art natürliches Dach bildeten, waren einige Zweige frisch abgeknickt, genau in fünf Fuß Höhe. An einem der Maulbeersträucher – dort, wo das Tier kehrtgemacht haben mußte, um in den rechten Seitenpfad einzuschlagen mit stolzem Schwung seines prächtigen Schweifes – befanden sich zwischen den Dornen noch ein paar tiefschwarze Strähnen ...»

Usw. Auf diese Weise wird schließlich auch die Müllhalde erklärt, dazu der schmale Kopf, die feinen Ohren, die großen Augen des Pferdes, wobei William freimütig einräumt, daß er es nicht wisse, ob der Rappe tatsächlich über solche Eigenschaften verfüge, er aber davon überzeugt sei, daß die Mönche es glaubten. Ein schönes Pferd, so lehre Meister Isidor von Sevilla, müsse nämlich über solche Attribute verfügen. Und wenn es nicht das beste Pferd im Stall gewesen sei, wie wäre dann der Aufwand der Suche zu erklären?

Und der Name? Natürlich geraten, aber aus guten Gründen. Adson schließt: «So war er, mein Herr und Meister. Er vermochte nicht nur im großen Buch der Natur zu lesen, sondern auch in der Art und Weise, wie Mönche gemeinhin die Bücher der Schrift zu lesen und durch sie zu denken pflegten – und wie wir sehen werden, sollte ihm diese Fähigkeit in den folgenden Tagen noch überaus nützlich werden.»

6
Ein Sprung. Im Jahre 1978 teilte der amerikanische Philosoph Thomas A. Seboek seinem italienischen Professoren-Kollegen Umberto Eco eher beiläufig mit, daß er und Jean Umiker-Seboek gerade dabei seien, «die Methode von Sherlock Holmes im Lichte der Peirceschen Logik zu untersuchen». Eco antwortete, daß er selbst an einem Vortrag schreibe, in dem er den Gebrauch abduktiver Methodologie in Voltaires «Zadig» mit der bei Holmes vergleichen wollte. «Zur gleichen Zeit», so schreiben nun Eco und Seboek in ihrem gemeinsamen Vorwort der Sammlung «Der Zirkel oder Im Zeichen der Drei. Dupin, Holmes, Peirce» (München 1985) weiter: «Zur gleichen Zeit las Eco eine im Jahre 1979 veröffentlichte Studie, die einer seiner Kollegen an der Universität von Bologna bereits seit über einem Jahr angekündigt hatte. Diese Arbeit griff die Anwendung von konjekturalen Modellen bei Hippokrates und Thukydides bis zu Kunstexperten im neunzehnten Jahrhundert auf. Ihr Verfasser, der Historiker Carlo Ginzburg, zitierte in seinen aufschlußreichen Anmerkungen aber auch ‹Zadig›, Peirce und sogar Seboek. Es versteht sich von selbst, daß Sherlock Holmes in dieser Studie neben Freud und Morelli die Hauptrolle spielte.»

7
In seinem Aufsatz «Deduktion, Induktion und Hypothese» aus dem Jahre 1878 sagt Peirce, es sei die wesentliche Aufgabe des Logikers, Argumente zu klassifizieren, weil jeder «Test» solche Klassifikationen selbstverständlich voraussetze. Definiert werden diese Klassen von Argumenten durch bestimmte typische Formen, die Syllogismen genannt werden. Der Syllogismus, der auf den schönen Namen «Barbara» getauft ist, lautet bekanntlich folgendermaßen: S = M. M = P. Also: S = P.

Bekanntlich läßt sich für S – Sokrates, für M – Lebewesen und für P – Hund einsetzen, was zu dem unwiderlegbaren logischen Schluß führt, daß es sich bei Sokrates um einen Hund handeln muß. Oder, um noch bei dem einfacheren Fall von Barbara zu bleiben: Alle Menschen sind sterblich. Sokrates war ein Mensch. Also war er sterblich. Das heißt: Regel. Fall. Konklusion. Peirce bringt die Schlußverfahren auf das folgende Schema:

1. Deduktion
   Regel – Alle Bohnen aus diesem Sack sind weiß.
   Fall – Diese Bohnen sind aus diesem Sack.
   ° Resultat – Diese Bohnen sind weiß.
   Die Deduktion leitet also aus einer Regel, einem Gesetz, einer Annahme eine logisch zwingende Folgerung ab. Der Weg geht vom Allgemeinen zum Besonderen.

2. Induktion
   Fall – Diese Bohnen sind aus diesem Sack.
   Resultat – Diese Bohnen sind weiß.
   ° Regel – Alle Bohnen aus diesem Sack sind weiß.
   Die Induktion schließt vom Einzelfall auf die Regel, das Gesetz. Der Weg geht vom Besonderen zum Allgemeinen.

3. Hypothese
   Regel – Alle Bohnen aus diesem Sack sind weiß.
   Resultat – Diese Bohnen sind weiß.
   ° Fall – Diese Bohnen sind aus diesem Sack.
   Die Abduktion schließt zwar von der Regel auf den Fall, ohne eine logische Notwendigkeit begründen zu können.

Die Gesamtheit aller Schlüsse lassen sich entsprechend klassifizieren:

Schlüsse sind entweder: deduktiv oder analytisch – oder: synthetisch, wobei es sich bei den synthetischen Urteilen entweder um Induktionen oder um Hypothesen handelt. Nun gibt es auch, neben Barbara, zwei andere Schlußfiguren, nämlich die Brüder «Baroco» und «Bocardo». Hierbei handelt es sich um deduktive Syllogismen, aber von besonderer Art, die «indirekte Modi» genannt werden, weil sie erst transformiert werden müssen, um als Anwendung einer Regel auf einen besonderen Fall zu erscheinen. Wenn wir also, statt von der notwendigen Deduktion in Barbara auszugehen, eine wahrscheinliche Deduktion der gleichen Form nehmen, ergibt sich an indirekten Modi: «in Entsprechung zu Baroco: eine Hypothese» und «in Entsprechung zu Bocardo: eine Induktion».

Erstes Beispiel, das Peirce hier anführt, in Barbara:

Regel – Die meisten Bohnen in diesem Sack sind weiß.

Fall – Eine Handvoll Bohnen ist aus diesem Sack.

° Resultat – Wahrscheinlich sind die meisten Bohnen dieser Handvoll weiß.

Wenn wir jetzt das Resultat leugnen, ohne aber die Regel in Frage zu stellen, kommen wir zu:

Negation des Resultats – Nur wenige Bohnen dieser Handvoll sind weiß.

Regel – Die meisten Bohnen in diesem Sack sind weiß.

° Negation des Falls – Wahrscheinlich stammen diese Bohnen aus einem anderen Sack.

Hier handelt es sich um einen hypothetischen Schluß. Wenn wir jetzt das Resultat leugnen, aber den Fall akzeptieren, ergibt sich:

Negation des Resultats – Nur wenige Bohnen dieser Handvoll sind weiß.

Fall – Diese Bohnen wurden diesem Sack entnommen.

° Negation der Regel – Wahrscheinlich sind nur wenige Bohnen im Sack weiß.

Peirce betont zwar die Bedeutung der Relation zwischen synthetischer und deduktiver Schlußfolgerung, warnt aber andererseits vor einer Überschätzung und betont vor allem den, wie er sagt, «immensen Unterschied» zwischen der Relation von Baroco und Bocardo zu Barbara und der von Induktion und Hypothese zur Deduktion. «Baroco und Bocardo basieren auf der Tatsache, daß dann, wenn die Wahrheit einer Konklusion notwendig aus der Wahrheit einer Prämisse folgt, die Falschheit der Prämisse aus der Falschheit der Konklusion folgt, das ist immer wahr.» Anders nur in dem Fall, wenn auch der Schluß nur wahrscheinlich ist.

Den Unterschied zwischen Induktion und Hypothese beschreibt Peirce folgendermaßen: Die Induktion schließt auf die Existenz von Phänomenen, wie wir sie in ähnlichen Fällen beobachtet haben. Die Hypothese nimmt etwas an, das von dem verschieden ist, was wir beobachtet haben, häufig sogar etwas, das sich der unmittelbaren Beobachtung entzieht. Das Wesen der Induktion ist es also, von einer Reihe von Fakten auf eine Reihe von ähnlichen Fakten zu schließen, während die Hypothese von Fakten der einen Art auf Fakten anderer Art schließt.

Peirce treibt seine Unterscheidungen munter voran und behauptet am Ende sogar, «daß die Hypothese das sensuelle Element des Denkens hervorbringt und die Induktion das habituelle Element» (Schriften I, S. 373–392).

Fünfundzwanzig Jahre später, in den Pragmatismus-Vorlesungen aus dem Jahre 1903, räumt Peirce zwar immer noch (bzw. immerhin) ein, «daß die Frage des Pragmatismus die Frage der Abduktion ist» (II, S. 371), aber er zeigt sich in der Begründung doch ziemlich konziliant. Zugunsten der Abduktion lasse sich kein Grund, welcher Art auch immer, anführen, allerdings brauche sie auch keinen, weil sie nämlich nur «Vermutungen» anbiete. «Die Deduktion beweist, daß etwas der Fall sein muß; die Induktion zeigt, daß etwas tatsächlich wirksam ist; die Abduktion vermutet bloß, daß etwas der Fall sein mag.» Aber, und das ist bedeutsam: Die Abduktion als Vorgang erklärender Hypothesenbildung ist das einzige logische Verfahren, das eine neue Idee einführt, und so verdankt sich jedes Stück wissenschaftlicher Theorie, das heute auf sicheren Gründen steht, der Abduktion. Die Deduktion zieht aus der (bloßen) Vermutung eine Prognose, die nun wiederum induktiv überprüft werden kann.

8

Ein Jahr nachdem er seinen Aufsatz über «Deduktion, Induktion und Hypothese» veröffentlicht hatte, am 20. Juni des Jahres 1879, fuhr Charles S. Peirce mit einem Dampfschiff von Boston nach New York. Er stand damals im Dienst der amerikanischen Regierung und hatte für seine Tätigkeit beim Coast Survey eine ziemlich teure Ankeruhr von Tiffany zur Verfügung gestellt bekommen. Auf der Fahrt war es ihm ganz offenbar nicht sehr gut gegangen, denn unmittelbar nach der Ankunft in New York stürzte er überhastet vom Schiff, vergaß dabei sowohl seinen Mantel wie diese Uhr in der Kabine. Er bemerkte, festen Boden unter den Füßen und klarere Gedanken im Kopf, natürlich bald das Versäumnis, kehrte aufs Schiff zurück und mußte feststellen, daß die Sachen bereits verschwunden, vermutlich gestohlen waren. Was tun? – so fragte sich wie Lenin und dessen Vorgänger William von Baskerville nun auch der amerikanische Philosoph.

Er ließ «alle farbigen Kellner, gleichgültig, auf welchem Deck sie arbeiteten, kommen und sich in einer Reihe aufstellen». Und dann, so erzählt er weiter: «Ich ging vom Anfang der Reihe bis zu ihrem Ende und sprach mit jedem von ihnen, und zwar in so unbeteiligter Weise, wie es mir nur möglich war, wobei ich irgendein Thema wählte, über das er mit Interesse sprechen konnte, ohne daß ich auch nur im geringsten erwarten konnte, daß mich diese Gespräche weiterbrachten; dabei hoffte ich allerdings, daß ich als ein solcher Trottel erscheinen würde, daß es mir möglich würde, irgendein Symptom dafür zu entdecken, daß er der Dieb ist.»

Peirce war die Reihe von Anfang bis Ende abgeschritten und mußte sich nun selbst eingestehen, daß er nicht den geringsten Anhaltspunkt, dem nachzugehen wäre, gefunden hatte. «Daraufhin», so erzählt er weiter, «antwortete mir meine innere Stimme (wir sprechen nämlich immer in Dialogform miteinander): ‹Aber du mußt einfach den Mann verpfeifen. Auch wenn du keinen konketen Anhaltspunkt hast, mußt du sagen, wen du für den Dieb hältst.› Ich machte einen kleinen Schlenker auf meinem Rundgang, der kaum eine Minute gedauert hatte, und als ich mich ihnen wieder zuwandte, war jeder Anflug von Zweifel verschwunden.» (Seboek, 26f.) Peirce sprach mit dem Verdächtigen, bot ihm sogar eine Prämie für seine Sachen an, erfolglos. Er fuhr deshalb sofort zu dem berühmten Detektivbüro Pinkerton, wo er seinen Fall schilderte und darum bat, den Verdächtigen, der um 1 Uhr das Schiff verlassen werde, zu überwachen und ihm, Peirce, auf diese Weise wieder zu seinen Sachen zu verhelfen. Ein Pinkerton-Detektiv, der mit der Angelegenheit beauftragt wurde, hatte leider noch nichts von Abduktion gehört, verdächtigte nach eigenen Nachforschungen eine andere, vorbestrafte Person und, um es kurz zu machen, er scheiterte. Daraufhin schrieb Peirce die New Yorker Pfandleiher an, und alsbald hatte er seine Uhr zurück. Der Pfandleiher konnte «die Person, die die Uhr versetzt hatte, so anschaulich» beschreiben, daß «kein Zweifel mehr bestehen konnte», daß es sich um den von ihm ursprünglich Verdächtigten gehandelt hatte.

Peirce machte dann den Dieb ausfindig und fand dabei, unter Anwendung seiner abduktiven Methode, sowohl die noch fehlende Uhrkette wie auch seinen Mantel wieder, zur Verblüffung der Detektive, die sich so wenig einen Reim auf das gesamte Geschehen machen konnten wie einige Jahre zuvor die verblüfften Mönche auf der Suche nach dem Pferd ihres Abtes. Die Seboeks kommentieren dieses Geschehen: Peirce sei, auf einer bewußten Ebene, nicht dazu fähig gewesen, zu bestimmen, wer von den Kellnern auf dem Schiff der Täter gewesen war: «Indem er sich so ‹passiv und rezeptiv› verhielt, wie es ihm während der kurzen Unterhaltung mit jedem der Kellner nur möglich war, bemerkte er erst in dem Augenblick, als er sich zu etwas zwang, was sich als blinder Tip herausstellte, daß der Dieb einen unbemerkten Index abgegeben hatte und daß er selbst dieses verräterische Zeichen in einer, wie er es nennt, ‹unselbst-bewußten› Weise wahrgenommen hatte, indem er ‹unterhalb der Bewußtseinsoberfläche eine Entscheidung vorgenommen hatte und sie nicht als einen tatsächlichen Schluß, sondern als eine echte Unterscheidung erkannte›.»

Und jetzt kommt der entscheidende Punkt: «Die Prozesse, mit denen wir Vermutungen über die Welt anstellen, hängen nach Peircescher Meinung von Wahrnehmungsurteilen ab, die allgemeine Elemente enthalten, so daß man aus ihnen universale Sätze deduzieren kann.» Peirce hat selbst auch experimentelle psychologische Studien betrieben, aufgrund deren er vermutet, daß solche Wahrnehmungsurteile das «Resultat eines Prozesses» sind, «der nicht kontrollierbar und infolgedessen nicht völlig bewußt ist».

Peirce beschreibt die Bildung einer Hypothese als einen «Akt der Einsicht», der «abduktiven Vermutung», die uns wie ein Blitz treffe. Entscheidender Unterschied zwischen einem Wahrnehmungsurteil und einem abduktiven Schluß sei, daß das Wahrnehmungsurteil der logischen Kritik nicht zugänglich ist, der abduktive Schluß hingegen schon. (Vgl. Seboek, 36f.)

9

Wie gesagt: «Das Wesen einer Induktion ist, daß sie von einer Reihe Fakten auf eine andere Reihe ähnlicher Fakten schließt, während die Hypothese von Fakten einer Art auf Fakten anderer Art schließt.» (Peirce, I, 390)

10

Peirce kam (bekanntlich) von Kant her. Er bezieht sich in vielen seiner Arbeiten auf Kants kritische Philosophie, vor allem auf die ersten beiden Kritiken, die der reinen Vernunft und der praktischen Vernunft, kaum jedoch (soweit ich das übersehen kann) auf die «Kritik der Urteilskraft». Dabei hätte doch – so meine Hypothese – die Struktur des ästhetischen Urteils, weniger sein Gegenstand, das besondere Interesse des amerikanischen Philosophen finden müssen.

Interessanterweise hat Kant selbst erst sehr spät den Ort entdeckt, an dem sich ein ästhetisches (oder wie er auch sagt: Geschmacks-)Urteil begründen läßt. In der «Kritik der reinen Vernunft», in der er die Wissenschaft «von allen Prinzipien der Sinnlichkeit a priori» als «transzendentale Ästhetik» bezeichnet, bleiben nur zwei reine Formen sinnlicher Anschauung als Prinzipien der Erkenntnis a priori übrig, nämlich Raum und Zeit. Mehr iss nich. Kant verwehrt sich sogar gegen eine verbreitete Ansicht: «Die Deutschen», schreibt er, «sind die einzigen, welche sich jetzt des Wortes Ästhetik bedienen, um dadurch das zu bezeichnen, was andre Kritik des Geschmacks heißen. Es liegt hier eine verfehlte Hoffnung zum Grunde ..., die kritische Beurteilung des Schönen unter Vernunftprinzipien zu bringen, und die Regeln derselben zur Wissenschaft zu erheben. Allein diese Bemühung», so Kant ohne Wenn und Aber, «ist vergeblich.» Er hält es gar für ratsam, diese Benennung wieder «eingehen zu lassen» (KrdrV, 83).

Jahre später, im Dezember 1787, berichtet Kant jedoch in einem Brief an C. L. Reinhold davon, daß er «eine neue Art von Principien a priori entdeckt» habe. Kant hatte damals sein philosophisches System nicht einmal im Rohbau, ordentlich gegliedert, sondern schlimmer, im halbfertigen Zustand vor sich stehen. Ihm fehlte das Verbindungsstück zwischen den beiden Kritiken, der reinen Vernunft und der praktischen Vernunft.

Entsprechend schreibt er an seinen Kollegen: Es gebe drei Gemütsvermögen: nämlich das Erkenntnisvermögen, das Gefühl der Lust und Unlust und das Begehrungsvermögen. Für das erste habe er in der «Critic der reinen (theoretischen), für das dritte in der Critic der praktischen Vernunft Principien a priori gefunden», und für das zweite habe er eigentlich, trotz jahrelanger intensiver Bemühungen, nicht daran geglaubt und sei nun dennoch fündig geworden.

Für Kant war es immer ein entscheidendes Problem geblieben, den Übergang vom Verstand zur Vernunft, von der Natur zur Freiheit, von der theoretischen zur praktischen Philosophie zu bewerkstelligen bzw. erst einmal zu denken. Er fand das Verbindungsglied in der Urteilskraft, die zu diesem Zweck allerdings mit einem apriorischen Prinzip ausgestattet sein mußte. Es handelt sich hier um ein allerdings nur subjektives Prinzip a priori, das damit nichts zur Gegenstandserkenntnis beiträgt, also nichts über das Objekt, sondern nur über einen – vom Objekt nicht unabhängigen – Zustand des Subjekts aussagt. In seiner ersten, später verworfenen Einleitung zur Kritik der Urteilskraft beschreibt Kant in der Kritik an Leibniz und Baumgarten (niedere Erkenntnisvermögen, verworrener Begriff) den Unterschied zwischen einem ästhetischen und einem theoretischen, d. h. Erkenntnisurteil. «Man kann überhaupt sagen: daß Dinge durch eine Qualität, die in jede andere durch die bloße Vermehrung oder Verminderung ihres Grades übergeht, niemals für spezifisch-verschieden gehalten werden müssen. Nun kommt es bei dem Unterschiede der Deutlichkeit und Verworrenheit der Begriffe lediglich auf das Bewußtsein der Merkmale, nach dem Maße der auf sie gerichteten Aufmerksamkeit an, mithin ist sofern eine Vorstellungsart von der andern nicht spezifisch verschieden. Anschauung aber und Begriff unterscheiden sich voneinander spezifisch; denn sie gehen ineinander nicht über. Die logische Deutlichkeit ist auch von der ästhetischen himmelweit unterschieden und die letztere findet statt, ob wir uns gleich den Gegenstand gar nicht durch Begriffe vorstellig machen, das heißt, obgleich die Vorstellung, als Anschauung, sinnlich ist.» (KrdU, 204f.)

Peirce besteht dann später auch darauf, daß Wahrnehmungsurteile sich der Kritik, das heißt dem Begriff entziehen. Er schreibt aber andererseits: «Der abduktive Schluß geht allmählich in das Wahrnehmungsurteil über, ohne daß sich zwischen ihnen eine klare Trennungslinie ziehen ließe; oder, mit anderen Worten, unsere ersten Prämissen, die Wahrnehmungsurteile, sind als ein Extremfall abduktiver Schlüsse zu betrachten, von denen sie sich dadurch unterscheiden, daß sie der Kritik völlig entzogen sind.» (Zit. bei Seboek, S. 38) Die bloße Wahrnehmung konstituiert keinerlei Wissen, das sich mit theoretischem oder praktischem Nutzen anwenden ließe. «All das, was unser Wissen anwendbar macht, kommt auf dem Wege der Abduktion zu uns.»

An diesem Punkt beginnt, nebenbei gesagt, eine überaus brisante Diskussion. Adornos emphatischer Begriff von Nichtidentität hat hier eine seiner wesentlichen Quellen, die Intention: mit Begriffen gegen den Begriff zu denken. Heidegger hat hier angesetzt («Kant und das Problem der Metaphysik»). Alfred Baeumler meinte, obwohl auch in der Kritik der Urteilskraft die «Rücksicht» auf Theorie keineswegs geschwunden sei, müsse hier «trotzdem die Überwindung der Theorie» gesehen werden.

In ihrem «Proscriptum» zu den «Texten zu Kants politischer Philosophie», die auf deutsch unter dem Titel «Das Urteilen» erschienen sind, betont auch Hannah Arendt die besondere Rolle der Kritik der Urteilskraft. «Ich werde zeigen», sagt sie, «daß meine Hauptannahme für das Herausstellen der Urteilskraft als einer sich von anderen deutlich unterscheidenden Fähigkeit unseres Geistes darin liegt, daß Urteile weder durch Deduktion noch durch Induktion zustande kommen.» Mit logischen Operationen in der Art ‹Mensch – Sokrates usw.› «haben Urteile nichts gemein». Sie will sich darum auf die Suche nach dem «stummen Sinn» machen, der selbst bei Kant als «Geschmack», der Ästhetik zugehörig, gedacht wurde. H. Arendt betont weiter, daß die Urteilskraft bei Kant als «besonderes Talent» hervortrete, das «nicht belehrt, sondern nur geübt sein will» – und es auch nur mit dem Besonderen zu tun habe. In ihren Vorlesungen erläutert sie dann: «Somit ist Urteilen das Vermögen, das Besondere und Allgemeine auf geheimnisvolle Weise miteinander zu verbinden.» Das ist dann einfach, wenn das Allgemeine gegeben ist und das Besondere nur untergeordnet werden muß. Das ist schwieriger, wenn nur das Besondere gegeben ist, zu dem das Allgemeine gefunden werden muß. Hier kommt somit die reflektierende Urteilskraft ins Spiel, die beim ästhetischen Urteil tätig wird.

Deshalb ist ein Blick auf die Struktur des ästhetischen Urteils angeraten, auf das, was Kant «Analytik der ästhetischen Urteilskraft» nennt. Er unterscheidet vier Momente des ästhetischen Urteils: Qualität, Quantität, Relation und Modalität. Beginnend mit der berühmten Bestimmung des interesselosen Wohlgefallens, ergeben sich für Kant aus der Analyse der vier Momente die folgenden Erklärungen des Schönen:

1. «Geschmack ist das Beurteilungsvermögen eines Gegenstands oder einer Vorstellungsart durch ein Wohlgefallen, oder Mißfallen, ohne alles

Interesse. Der Gegenstand eines solchen Wohlgefallens heißt schön.» (KrdU, § 5) Alles, womit ein Interesse verbunden ist, kann damit nicht schön genannt werden. Das ist beim Guten (Moralischen) der Fall, wo die Vernunft ihr Interesse anmeldet, oder beim Angenehmen, wo es die sinnliche Empfindung tut. Ein schöner Gegenstand aber soll «bloß» gefallen. (Festzuhalten ist hier, verfahrenstechnisch betrachtet, daß eine spezifische Einstellung des Subjekts zum Objekt, also des Betrachters zum Gegenstand verlangt wird. Vermutlich hat Peirce die auf dem Schiffsdeck angetretenen Kellner mit einer vergleichbaren Einstellung betrachtet.)

2. «Schön ist das, was ohne Begriff allein gefällt.» Wird nämlich ein Begriff bei der Beurteilung zugrunde gelegt, handelt es sich immer um ein logisches, d. h. um ein Erkenntnisurteil, bei dem die bestimmende und nicht die reflektierende Urteilskraft im Spiel ist. Wie ohne Begriff begriffliche Ansprüche erfüllt werden können, muß ebenfalls im Zusammenhang mit der Analyse des modalen Moments erörtert werden.

3. «Schönheit ist die Form der Zweckmäßigkeit eines Gegenstands, sofern sie, ohne Vorstellung eines Zwecks, an ihm wahrgenommen wird.» Diese Zweckmäßigkeit ohne Zweck, eines der Kernstücke des ästhetischen Urteils, läuft letztendlich auf eine «Vereinbarung des Geschmacks mit der Vernunft» hinaus (vgl. KrdU, § 10) und führt damit direkt ins spekulative Zentrum des Kantischen Denkens. Auf der anderen Seite scheint mir dieses Konzept durchaus als heuristischer Rahmen abduktiver Schlüsse tauglich.

4. «Schön ist, was ohne Begriff als Gegenstand eines notwendigen Wohlgefallens erkannt wird.» Das ästhetische Urteil trägt zwar nichts zur Erkenntnis eines Gegenstands bei, weil es ohne Begriffe auskommen muß, soll aber dennoch intersubjektiv verbindlich, also notwendig sein. Kant stellt damit Forderungen an das ästhetische Urteil, die bislang nur vom Erkenntnisurteil (dem theoretischen) zu erfüllen waren. In der «Dialektik der ästhetischen Urteilskraft beschreibt er entsprechend die folgende Antinomie: «1) Thesis. Das Geschmacksurteil gründet sich nicht auf Begriffen; denn sonst ließe sich darüber disputieren (durch Beweise entscheiden). 2) Antithesis. Das Geschmacksurteil gründet sich auf Begriffen; denn sonst ließe sich, ungeachtet der Verschiedenheit desselben, darüber auch nicht einmal streiten (auf die notwendige Einstimmung anderer mit diesem Urteil Anspruch machen).» (§ 56)

II

Kant hat sich dieser Antinomie durch den einfachen Trick des ‹Sowohl-Als-auch› entzogen. Wenn mit der Wahrnehmung eines Gegenstands ein Begriff verbunden wird, entsteht ein Erkenntnisurteil. (Der wahrgenommene Gegenstand ist ein Tisch. Punktum.) Doch wenn wir wissen wollen, ob etwas schön oder nicht schön sei, dann (vgl. KrdU, § 36) «beziehen wir die Vorstellung nicht durch den Verstand auf das Objekt zum Erkenntnisse, sondern durch die Einbildungskraft» – und an dieser Stelle setzt Kant eine interessante Einfügung in Klammern – «(vielleicht mit dem Verstand verbunden) auf das Subjekt und das Gefühl der Lust und Unlust desselben». Das Gefühl der Lust und Unlust ist ein subjektives Vermögen. Es trägt nichts zur Erkenntnis des Gegenstandes bei, wie Kant nicht müde wird zu betonen. Von der Existenz des Gegenstandes wird in doppelter Weise abgesehen. Einmal dürfen wir bei einem vorhandenen Gegenstand, über den wir ästhetisch urteilen wollen, kein «Interesse» an der Existenz erstreben. Ebensowenig dürfen wir über die bloße Vorstellung des Gegenstands urteilen. Sondern? – Über die Zweckmäßigkeit, die der Erkenntnis vorangeht und mit einem Lustgefühl verbunden ist. Das ästhetische Urteil urteilt über die Beziehung zwischen dem (beurteilten) Gegenstand und dem beurteilenden Subjekt. Dabei müssen, wie bei jedem anderen Urteil, bestimmte Vermögen, Erkenntniskräfte zusammenwirken, also Einbildungskraft, Verstand und Gefühl der Lust und Unlust. In der Kritik der reinen Vernunft (S. 216) kommt der Einbildungskraft die Funktion zu, «einem Begriff sein Bild zu verschaffen». Beim ästhetischen Urteil liegt kein Begriff zugrunde, entsprechend «kann es nur in der Subsumption der Einbildungskraft selbst (bei einer Vorstellung, wodurch ein Gegenstand gegeben wird) unter die Bedingungen, daß der Verstand überhaupt von der Anschauung zu Begriffen gelangt, bestehen. D. i. weil eben darin, daß die Einbildungskraft ohne Begriff schematisiert, die Freiheit derselben besteht.» Anders gesagt: das ästhetische Urteil beruht «auf einer bloßen Empfindung der sich wechselseitig belebenden Einbildungskraft in ihrer Freiheit, und des Verstandes mit seiner Gesetzmäßigkeit, also auf einem Gefühle», das «den Gegenstand nach der Zweckmäßigkeit der Vorstellung (wodurch ein Gegenstand gegeben wird) auf die Beförderung des Erkenntnisvermögens in ihrem freien Spiele beurteilen läßt; und der Geschmack, als subjektive Urteilskraft, enthält ein Prinzip der Subsumption, aber nicht als Anschauung unter Begriffe, sondern des Vermögens der Anschauungen oder Darstellungen (d. i. der Einbildungskraft) unter das Vermögen der Begriffe (d. i. den Verstand), sofern das erstere in seiner Freiheit zum letzteren in seiner Gesetzmäßigkeit zusammenstimmt.»

Die von Kant selbst zur Illustration angeführten Beispiele, die «veränderlichen Gestalten eines Kaminfeuers» oder eines «rieselnden Baches» (KrdU, 132f.), beides keine «Schönheiten», aber «Reize», die der Einbildungskraft ihr freies Spiel unterhalten, diese Beispiele lassen vermuten, daß es nur darum gehen könnte, die Gedanken schweifen zu lassen. Doch Kant besteht ausdrücklich auf einer wenn auch «freien» Gesetzmäßigkeit. Was auch heißt, daß die Einbildungskraft nicht reproduktiv verfahren darf, sondern produktiv werden muß. In ihrer Freiheit entwirft sie eine Zusammensetzung des Mannigfaltigen in «Einstimmungen mit den Verstandesgesetzmäßigkeiten überhaupt».

Die von Kant hier unterstellte Zweckmäßigkeit, die weder im Subjekt noch im Objekt allein gründen kann, sondern in der Beziehung von Subjekt und Objekt begründet ist, führt wieder unmittelbar ins spekulative

Zentrum dieses Konzepts. Nämlich: zu der Annahme eines intelligiblen Substrats, das beiden, Subjekt wie Objekt, zugrunde liegt. Damit wird nicht nur die Lösung der Antinomie, sondern auch die verbindende Funktion der Kritik der Urteilskraft zwischen den beiden anderen Kritiken wieder sichtbar. Das heißt, die Bedingung der Möglichkeit, ästhetische Urteile zu fällen, ist eine allen Menschen gleiche Grundausstattung, die wiederum den Geschmack als den gemeinsamen Sinn erscheinen läßt und dadurch auf das Intelligible verweist.

12

Das Genie ist Ausdruck des Intelligiblen. Kant bedient sich, um die Produktion von Schönheit, damit Kunst zu beschreiben, in gebotener Kürze angedeutet, noch einmal des gleichen Tricks. «Schöne Kunst ist eine Kunst, sofern sie zugleich Natur zu sein scheint.» (KrdU, § 45) Solche Kunst wird vom Genie hervorgebracht, und das Genie wird bestimmt als «das Talent (Naturgabe), welche der Kunst die Regel gibt» (§ 46). Mit anderen Worten: «Genie ist die angeborene Gemütslage (ingenium), durch welche die Natur der Kunst die Regel gibt.» Zur Beurteilung der Kunst wird Geschmack, zu ihrer Herstellung Genie gebraucht. Die nähere Bestimmung des Genies beschreibt nicht nur seine Produktionsbedingungen, sondern auch sein Produkt. Hier nähern wir uns mit großen Schritten dem Gelände, auf dem Peirce seine Streifzüge unternommen hat. «Die Gemütskräfte also, deren Vereinigung (in gewissem Verhältnisse) das Genie ausmacht, sind Einbildungskraft und Verstand. Nur, da im Gebrauch der Einbildungskraft zum Erkenntnisse, die Einbildungskraft unter dem Zwang des Verstandes und der Beschränkung unterworfen ist, dem Begriffe desselben angemessen zu sein; in ästhetischer Absicht aber die Einbildungskraft frei ist, um noch über jene Einstimmung zum Begriffe, doch ungesucht, reichhaltigen, unentwickelten Stoff für den Verstand, worauf dieser in seinem Begriffe nicht Rücksicht nahm zu liefern, welchen dieser aber nicht sowohl objektiv zum Erkenntnisse, als subjektiv zur Belebung der Erkenntniskräfte, indirekt also doch auch zu Erkenntnissen, anwendet: so besteht das Genie eigentlich in dem glücklichen Verhältnisse, welches keine Wissenschaft lehren und kein Fleiß erlernen kann, zu einem gegebenen Begriffe Ideen aufzufinden, und andererseits zu diesen den Ausdruck zu treffen, durch den die dadurch bewirkte subjektive Gemütsstimmung, als Begleitung eines Begriffs, anderen mitgeteilt werden kann.» (§ 49)

Dieses Talent werde Geist genannt, und der sei, so hatte Kant gesagt, «das belebende Prinzip im Gemüte» und damit nichts anderes «als das Vermögen der Darstellung ästhetischer Ideen». Was Kant als ästhetische Idee beschreibt, das entspricht, prozedural gefaßt, ziemlich exakt dem Verfahren, das der Kant-Nachfolger Peirce als abduktives Schlußverfahren beschrieben hat.

Kant (KrdU, § 49): «unter einer ästhetischen Idee verstehe ich diejenige

Vorstellung der Einbildungskraft, die viel zu denken veranlaßt, ohne daß ihr doch irgendein bestimmter Gedanke, d. i. Begriff, adäquat sein kann, die folglich keine Sprache völlig erreicht und verständlich machen kann.» Die Einbildungskraft sei sehr mächtig in Schaffung einer gleichsam anderen Natur, aus dem Stoff, den ihr die wirkliche gibt. Die Vorstellungen dieser Einbildungskraft nennt Kant Ideen, und zwar deshalb, weil sie einesteils «zu etwas über die Erfahrungsgrenze hinaus Liegendem wenigstens streben, und so einer Darstellung der Vernunftbegriffe (der intellektuellen Ideen) nahe zu kommen suchen, welches ihnen den Anschein einer objektiven Realität gibt; andrerseits ... weil ihnen kein Begriff völlig adäquat sein kann».

13

Peirce beschreibt aus einer psychologischen Perspektive sein abduktives Verfahren als die tastende Suche nach dem Begriff, der das komplizierte Durcheinander von Prädikaten ablösen soll. «Im hypothetischen Schluß wird dieses so erzeugte komplizierte Fühlen durch ein einziges Fühlen von größerer Intensität ersetzt, das zu dem Akt, die hypothetische Konklusion zu denken, gehört. Wenn nun unser Nervensystem in komplizierter Weise erregt wird und eine Relation zwischen den Elementen der Erregung besteht, so ist das Resultat eine einzige harmonische Erregung, die ich Emotion nenne. So treffen die verschiedenen Töne, die die Instrumente eines Orchesters hervorbringen, auf das Ohr, und das Resultat ist eine besondere musikalische Emotion, die sehr verschieden von den Tönen selbst ist. Diese Emotion ist wesentlich dasselbe wie ein hypothetischer Schluß, und jeder hypothetische Schluß schließt die Bildung einer solchen Emotion ein. Wir können daher sagen, daß die Hypothese das sensuelle Element des Denkens, und die Induktion des habituelle Element.» (zit. bei Seboek, S. 39) In dem Moment, in dem der Einfall kommt, die abduktive Vermutung, die uns wie ein Blitz treffe, in diesem Moment wird entsprechend die Emotion ausgelöst. Beim Einfall des Genies, ebenso wie beim abduktiven Schluß oder dem ästhetischen Urteil, ist unser Erkenntnisvermögen in einer Art Schwebezustand gehalten. Mit kantischen Worten gesagt: es pendeln Einbildungskraft und Verstand, also eine Vorstellung und die für sie möglichen Begriffe, ohne zugreifende, vorschnelle Fixierung, in einem ‹harmonischen Spiel›. Das setzt Möglichkeiten frei, läßt Neues zu.

14

Es gibt ein bei verschiedenen Völkern verbreitetes Märchen von einem Mann, dem ein Kamel, in anderen Versionen irgendein anderes Tier, abhanden gekommen ist. Der Mann trifft auf drei Brüder, die ohne jedes Zögern das Tier beschreiben: «Es ist weiß, auf einem Auge blind, trägt zwei Schläuche auf dem Rücken, den einen mit Wein, den anderen mit Öl gefüllt. Sie haben es also gesehen? Nein, gesehen haben sie es nicht. Also werden sie wegen Diebstahls angeklagt und müssen sich einer Gerichtsverhandlung stellen. Für die Brüder ist es ein Triumph: sofort und ohne Mühe demonstrieren sie, wie sie das Aussehen eines Tieres, das sie nie gesehen haben», rekonstruieren, und zwar mit – an dieser Stelle können wir die Spur wechseln, von Carlo Ginzburgs Formulierungen («Spurensicherung», Berlin 1983) zu den Kantschen übergehen – mit Hilfe ihrer Urteilskraft, also mit Hilfe des freien und doch kontrollierten Spiels der Einbildungskraft ziehen sie aus gegebenen Hinweisen (Begriffen) die richtigen Schlüsse. Diese Methode hat sich Sigmund Freud zunutze gemacht. Sherlock Holmes ist durch sie berühmt geworden. Und der Italiener Giovanni Morelli hat mit Hilfe dieser Methode ein Verfahren entwickelt, Bilder zu identifizieren, Fälschungen zu entlarven. Man dürfe sich nicht, so forderte Morelli, wie bis dato üblich «auf die besonders auffälligen und daher leicht kopierbaren Merkmale der Bilder stützen: die gen Himmel gerichteten Augen der Figuren Peruginos, das Lächeln der Gestalten Leonardos usw. Man solle statt dessen mehr die Details untersuchen, denen der Künstler weniger Aufmerksamkeit schenkt und die weniger von der Schule, der er angehört, beeinflußt sind», zum Beispiel – die Ohren. So wird das ästhetische Urteil an den Ohren herbeigezogen.

15

«‹Junger Mann›, sagte der Obereunuch zu Zadig, ‹habt ihr nicht den Hund der Königin gesehen?› Zadig antwortete bescheiden: ‹Es ist eine Hündin, kein Hund.› – ‹Ihr habt recht›, antwortete der Obereunuch. ‹Es ist eine ganz kleine Wachtelhündin›, fügte Zadig hinzu. ‹Sie hat vor kurzem geworfen, lahmt auf dem linken Vorderlauf und hat sehr lange Ohren.› – ‹Also habt Ihr sie gesehen?› fragte der Obereunuch atemlos. ‹Nein›, erwiderte Zadig, ‹ich habe sie noch nie gesehen, und ich habe auch nicht gewußt, daß die Königin eine Hündin besitzt.› Eine der vielen Launen des Zufalls wollte es, daß sich genau zur selben Zeit das schönste Pferd des königlichen Stalles von seinem Pferdeknecht losgerissen hatte und in die Ebene von Babylon gelaufen war. Der Hofjägermeister und alle anderen Hofbeamten jagten ebenso entsetzt hinter ihm her wie der Obereunuch hinter der Hündin. Der Hofjägermeister wandte sich an Zadig und fragte ihn, ob er nicht zufällig das Pferd des Königs habe vorbeikommen sehen.» Zadig antwortete, und seine Antwort, detailliert im dritten Kapitel von Voltaires «Zadig» nachzulesen, seine Antwort stimmt zum Teil bis in den Wortlaut und die Maßangaben mit der des William von Baskerville überein, der dem Cellerar ein Pferd beschreibt, das er ebensowenig gesehen hatte wie Zadig das seines Königs.

In dem Aufsatz «Hörner, Hufe, Sohlen. Einige Hypothesen zu drei Abduktionstypen» beschreibt diesen Sachverhalt – Umberto Eco. Die Frage, warum «Der Name der Rose» recht geheimnisvoll «Der Name der Rose» heißt, ist damit noch nicht beantwortet. Vielleicht hilft hier die Einsicht, die Michael Krüger einmal aus Peking mitgebracht hat: «Wer weiß, spricht nicht, wer spricht, weiß nicht.»

Zu den Autoren

Humberto Ak'abal, geb. 1952 in Momostenango, Provinz Totonicapán, lebt als Schriftsteller in Guatemala-Stadt. Früher als Schafhirte und Teppichweber tätig, schreibt auf K'iche. Letzte Veröffentlichung: «Breve antología poética», 1995.

Miriam Alves, geb. 1950 in São Paulo, lebt dort als Sozialarbeiterin und Lyrikerin; Repräsentantin schwarzer Frauenpoesie Brasiliens in der Literaturgruppe «Quilombhoje».

Tobias Burghardt, geb 1961 in Essen-Werden, lebt in Stuttgart als Übersetzer, Lyriker und Essayist. Mitherausgeber der Literaturzeitschrift «Delta» (1988–1991). Letzter Gedichtband: «Flußabwärts, flußaufwärts», 1996.

Antonio Cisneros, geb. 1942 in Lima, lebt dort als Universitätsprofessor. Letzter Gedichtband: «Las inmensas preguntas celestes» (1992).

Haroldo de Campos, geb. 1929 in São Paulo, lebt dort als emeritierter Universitätsprofessor, Dichter und Essayist. Mitbegründer der Konkreten Poesiebewegung. Veröffentlichte u. a.: «Galáxias» (letzte Fassung 1984) und «A educação dos cinco sentidos», 1990.

Ulises Estrella, geb. 1939 in Quito, lebt dort als Leiter des Filmarchivs und der Stiftung «Herbert Read». Begründer der Literaturgruppe «Tzántzicos». Erhielt 1983 den Staatspreis Ecuadors für Poesie. Letzte Gedichtbände: «Peatón de Quito» (1994) und «Fábula del soplador y la bella» (1995).

Ángela García, geb. 1957 in Medellín, Antioquia, lebt dort als Lyrikerin, Mitherausgeberin der Poesiezeitschrift «Prometeo», leitet zusammen mit Fernando Rendón das «Festival Internacional de Poesía en Medellín». Letzte Veröffentlichung: «Entre leño y llama» (1993).

Luis Ignacio Helguera, geb. 1962 in Mexiko-Stadt, lebt dort als Dichter, Essayist, Philosoph und Musiker. Chefredakteur der Musikzeitschrift «Pauta». Letzter Gedichtband: «Minotauro» (1993). Herausgeber der «Antología del poema en prosa en México» (1993).

Alban Nikolai Herbst, geb. 1955 in Refrath, lebt in Berlin und Frankfurt am Main. Zuletzt veröffentlichte er den Roman *Wolpertinger oder Das Blau* (1993), für den er den Grimmelshausen-Preis erhielt, und die fantastische Erzählung *Eine Sizilianische Reise* (1995).

Ana Istarú, geb. 1960 in San José de Costa Rica, lebt dort als Schauspielerin, Dichterin und Dramatikerin. Ihr Gedichtband «La estación de fiebre» (1983) wurde zu einem Frauenpoesie-Bestseller in Mittelamerika. Letzte Veröffentlichung: «Baby boom en el paraíso» (1996).

Roberto Juarroz, geb. 1925 in Coronel Dorrego, Provinz Buenos Aires, gest. 1995 in Buenos Aires. Dichter und Essayist. Veröffentlichungen: «Vertikale Poesie (1958–93)», Edition Delta, Stuttgart 1993, «Dreizehnte Vertikale Poesie», Residenz, Salzburg / Wien 1997.

Santiago Kovadloff, geb. 1942 in Buenos Aires, lebt dort als Dichter, Philosoph, Essayist, Kritiker und Übersetzer. Korrespondent der Kulturzeitung «Lettre» (Madrid–Berlin). Veröffentlichungen: «El fonde de los días» (Gedichte, 1991) und «El silencio primordial» (Essay, 1993).

María Rosa Lojo, geb. 1954 in Buenos Aires, lebt in Castelar, Provinz Buenos Aires, als freie Schriftstellerin und Kritikerin. Letzte Veröffentlichungen: «La pasión de los nómades» (Roman, 1994), «Forma oculta del mundo» (Prosagedichte, 1991).

Martin Lüdke, geb. 1943 in Apolda (Thüringen), lebt in Frankfurt am Main. Zuletzt erschien *Der Ort einer verlorenen Utopie. Essays zum Werk von Otto F. Walter* (1993).

Álvaro Mutis, geb. 1923 in Bogotá, lebt seit 1956 in Mexiko-Stadt als Journalist, Dichter und Romancier. Seine Romantrilogie «Die Reisen Maqroll's des Seefahrers» liegt auf Deutsch vor. Gedichtbände: «Crónica regia» (1985), «Un homenaje y siete nocturnos» (1986).

Olga Orozco, geb. 1920 in Toay, La Pampa, lebt in Buenos Aires als Journalistin, Erzählerin und Lyrikerin. Letzte Veröffentlichungen: «Con esta boca, en este mundo» (Gedichte, 1994), «También la luz es un abismo» (Erzählungen, 1995). Erhielt 1995 den panamerikanischen «Premio Gabriela Mistral».

William Ospina, geb. 1954 in Padua, Tolima, lebt in Nueva Santafé de Bogotá als Dichter, Essayist und Übersetzer. Letzte Veröffentlichungen: «El país del viento» (Gedichte, 1992), wofür er den «Premio Nacional de Poesía» Kolumbiens erhielt, «Es tarde para el hombre» (Essays, 1994).

Rafael Felipe Oteriño, geb. 1945 in La Plata, lebt seit 1971 in Mar del Plata und lehrt Literatur an der dortigen Universität. Letzte Veröffentlichung: «El invierno lúcido» (1987).

José Emilio Pacheco, geb. 1939 in Mexiko-Stadt, lebt dort und in Maryland als Universitätsprofessor, Lyriker und Prosaautor. Erhielt 1969 den mexikanischen «Premio Nacional de Poesía». Letzter Gedichtband: «El silencio de la luna» (1994).

Cristina Piña, geb. 1949 in Buenos Aires, lebt dort als freie Schriftstellerin, Kritikerin und Übersetzerin. Letzte Veröffentlichungen: «Alejandra Pizarnik» (Werk-Biographie, 1993), «Puesta en escena» (Gedichte, 1993).

Alejandra Pizarnik, geb. 1936 in Buenos Aires, wo sie 1972 starb. Lyrikerin. Das Gesamtwerk wurde von ihrer Werkbiographin Cristina Piña herausgegeben: «Obras completas. Poesía & Prosa» (1993).

Reina María Rodríguez, geb. 1952 in Havanna, lebt dort als Radioredakteurin und Lyrikerin. Letzte Veröffentlichung: «En la arena de Padua» (1992).

Gonzalo Rojas, geb. 1917 in Lebu, lebte in Santiago als Universitätsprofessor und war als Diplomat in Peking und Havanna, ging 1973 ins Exil. 1980 Rückkehr nach Chile. Letzte Veröffentlichung: «Antología del aire» (1991).

Affonso Romano de Sant'Anna, geb. 1937 in Belo Horizonte, Minas Gerais, lebt in Rio de Janeiro als Universitätsprofessor, Essayist und Dichter. Veröffentlichungen: «A poesia possível» (Gedichtsammlung, 1987), «O lado esquerdo do meu peito» (Gedichte, 1993).

Rolando Sánchez Mejías, geb. 1959 in Holguín, lebt in Alt-Havanna als Dichter und Erzähler. Letzte Veröffentlichungen: «Derivas I» (Gedichte, 1994), «Escrituras» (Erzählungen, 1994).

Hans-Jürgen Schmitt, geb. 1938 in Bamberg, lebt als freier Publizist in Frankfurt am Main. Zuletzt veröffentlichte er: *Mexiko. Reiseführer* (1991), und als Herausgeber: Leopoldo Lugones: *Die Augen der Pharaonin. Phantastische Geschichten* (1996).

Pedro Shimose, geb. 1940 im nordwestbolivianischen Riberalta, Beni, lebt in Madrid als Literaturwissenschaftler, Lyriker und Erzähler. Letzte Veröffentlichung: «Bolero der Chevalerie und frühere Gedichte», Edition Delta, Stuttgart 1994.

Ida Vitale, geb. 1926 in Montevideo, lebt dort als Kritikerin, Verlagsberaterin, Essayistin und Lyrikerin. Letzte Gedichtbände: «Serie de sinsonete» (1992), «Obra poética» (1992), «Léxico de afinidades» (1994) und «Dos por paz» (1994).

Abbildungsnachweis

Seite 51: Gonzalo Rojas (Foto: Carlos Müller, Köln); Olga Orozco (Foto: Juana Burghardt, Stuttgart); Haroldo de Campos (Foto: Weise/factum, Stuttgart); Affonso Romano de Sant'Anna (Foto: Márcia Antabi); José Emilio Pacheco (Foto: Rogelio Cuéllar); Seite 52: Pedro Shimose (Foto: Alberto Torrico); Santiago Kovadloff (Foto: Alejandra López); Miriam Alves (Foto: Helmut Lotz, Berlin); Humberto Ak'abal (Foto: Timón Solinís); Reina María Rodríguez (Foto: Christian Ide Hintze, Wien); Seite 53: María Rosa Lojo (Foto: Ernesto Monteavaro); Ángela García (Foto: Prometeo); Rolando Sánchez Mejías (Foto: Gezett, Berlin); Ana Istarú (Foto: Delta-Archiv, Stuttgart); Luis Ignacio Helguera (Foto: Delta-Archiv, Stuttgart); Seite 108: Roberto Juarroz (Foto: La Nación); Seite 149: Alejandra Pizarnik (Foto: Delta-Archiv, Stuttgart).